Der Sokratische Eid

Klaus Zierer

Der Sokratische Eid

Eine zeitgemäße Interpretation

Waxmann 2022
Münster • New York

Bibliografische Informationen der Deutschen Nationalbibliothek
Die Deutsche Nationalbibliothek verzeichnet diese Publikation in der Deutschen Nationalbibliografie; detaillierte bibliografische Daten sind im Internet über http://dnb.dnb.de abrufbar.

Print-ISBN 978-3-8309-4597-0
E-Book-ISBN 978-3-8309-9597-5

Steinfurter Straße 555, 48159 Münster

www.waxmann.com
info@waxmann.com

Umschlaggestaltung: Anne Breitenbach, Münster
Umschlagabbildung: © Theastock – Adobe Stock
Satz: MTS. Satz & Layout, Münster
Druck: CPI Books GmbH, Leck

Gedruckt auf alterungsbeständigem Papier,
säurefrei gemäß ISO 9706

Printed in Germany

Der Sokratische Eid

„Wer die Welt bewegen will, sollte erst sich selbst bewegen."
Sokrates

Als Lehrperson verpflichte ich mich, all mein Fühlen, Denken und Handeln im Beruf auf das Wohl der mir anvertrauten Kinder hin auszurichten.

Den Kindern gegenüber verpflichte ich mich,

- *jedes Kind seinen Möglichkeiten und seinem Entwicklungsstand entsprechend zu fordern und zu fördern,*
- *kein Kind zurückzulassen oder abzuschreiben, egal welche Gründe gegeben sind,*
- *das Scheitern von mir anvertrauten Kindern immer und immer wieder als Anlass für neue Wege meines Lehrens zu nehmen,*
- *Fehler als Chance zu begreifen, nicht als Makel,*
- *Herausforderungen im Bildungsprozess zu setzen, damit Unter- und Überforderung nicht eintreten,*
- *Motivationen zu suchen, aufzugreifen und zu wecken,*
- *immer und immer wieder in den Dialog zu gehen, Rückmeldungen zu geben und einzuholen, Fragen zu stellen und zuzuhören,*
- *Unterrichtsfächern eine dienende Funktion im Bildungsprozess zuzuschreiben,*
- *alle Bereiche der Persönlichkeit anzusprechen und anzuregen,*

- *Vertrauen in die Welt und die eigene Person zu schenken und tagtäglich sichtbar zu machen,*
- *die Klasse und die Schule als Willkommensort zu begreifen und zu gestalten,*
- *für eine wertschätzende, angstfreie und bildungswirksame Atmosphäre und Beziehung zu sorgen und*
- *für die leibliche, seelische und geistige Unversehrtheit der mir anvertrauten Kinder einzustehen.*

Den Eltern gegenüber verpflichte ich mich,
- *auf Augenhöhe zu kommunizieren und eine Bildungspartnerschaft aufzubauen,*
- *den Bildungsprozess der Kinder als gemeinsame Aufgabe zu begreifen,*
- *nicht nur regelmäßig zu Gesprächen bereit zu sein, sondern auch aktiv den Kontakt zu suchen und*
- *ihre Einschätzungen zum Bildungserfolg und -fortschritt der Kinder ernst zu nehmen und mit der eigenen Sichtweise zu verbinden.*

Den Kolleginnen und Kollegen gegenüber verpflichte ich mich,
- *meine Erfahrungen in der Erziehung und im Unterricht zu teilen und als Grundlage für die kollegiale Professionalisierung zu nutzen,*
- *die tagtäglich gemachten Fehler zu teilen und gemeinsam zu reflektieren,*
- *erfolgreiche Momente in der Schule zurückzuspielen und gegenseitige Anerkennung zu schenken und*
- *jedem seine individuelle Sichtweise auf Schule und Unterricht zuzugestehen und gleichzeitig an einer gemeinsamen Vision zu arbeiten.*

Der Bildungsöffentlichkeit gegenüber verpflichte ich mich,
- *den Bildungs- und Erziehungsauftrag anzunehmen und jederzeit umzusetzen,*
- *nicht nur Wissen und Können zu vermitteln, sondern alle Bereiche der Persönlichkeit in den Blick zu nehmen und zu fördern,*
- *alle Unterrichtsfächer dem Wohl des Kindes und damit dem Bildungs- und Erziehungsauftrag unterzuordnen,*

- *loyal, aber nicht blind gegenüber amtlichen Vorgaben zu sein,*
- *alles umzusetzen, was dem Wohl des Kindes dient, und alles zurückzuweisen, was dem Wohl des Kindes zuwiderläuft,*
- *jegliche Interessen und Forderungen an Schule und Unterricht, die nicht in erster Linie dem Wohl des Kindes entspringen, kritisch zu hinterfragen, gegebenenfalls auch öffentlich anzuklagen und zurückzuweisen und*
- *im öffentlichen Diskurs den Kindern und ihrem Recht auf Bildung eine Stimme zu geben.*

Der Gesellschaft gegenüber verpflichte ich mich,
- *allen voran die Achtung vor der Würde des Menschen als Grundlage und Ziel von Schule und Unterricht zu sehen,*
- *die Grundsätze unserer Demokratie zu vermitteln und in der Schule und im Unterricht zu verteidigen,*
- *Schule als einen Ort der Reproduktion und der Innovation gesellschaftlicher Werte zu sehen,*
- *meine pädagogische Freiheit zu nutzen, um aktuelle Fragestellungen in das Zentrum des Schulalltages zu stellen, und*
- *nicht nur reaktiv, sondern auch proaktiv der Weiterentwicklung unserer Gesellschaft gegenüberzustehen.*

Mir selbst gegenüber verpflichte ich mich,
- *mein Vorgehen jederzeit zu begründen, kritisch-konstruktiv zu diskutieren und gewissenhaft zu reflektieren,*
- *regelmäßig meine fachlichen, pädagogischen und didaktischen Kompetenzen weiterzuentwickeln,*
- *regelmäßig meine Berufshaltungen zu reflektieren und*
- *meine Vorbildrolle stets nach bestem Wissen und Gewissen auszufüllen.*

Ich bekräftige das Gesagte durch meine Bereitschaft, mich jederzeit an den Maßstäben messen zu lassen, die von dieser Verpflichtung ausgehen.

Inhalt

1. Warum dieses Buch?

Ein Mensch verbringt ca. 15 000 Stunden seines Lebens in der Schule und wird durchschnittlich von 50 Lehrpersonen unterrichtet.[1] Doch von diesen bleibt nur eine Handvoll ein Leben lang in Erinnerung, obschon sie dieselben Lernenden, dieselben Eltern, dieselben Klassenräume, dieselbe Ausstattung und dergleichen hatten als alle anderen auch. Was ist das Geheimnis ihres Erfolges?

Unvergesslich bleiben in diesem Zusammenhang die Worte, die der französische Präsident, Emmanuel Macron, am 22. Oktober 2020 im Élyséepalast gesprochen hat. Anlass für seine Rede war eine Gedenkstunde für Samuel Paty.

Samuel Paty war ein Lehrer für Geschichte und Geographie. Er unterrichtete am Collège du Bois-d'Aulne in Conflans-Sainte-Honorine, war 47 Jahre alt, verheiratet und Vater. Nachdem er im Unterricht das Thema „Meinungsfreiheit" behandelte und dabei eine Mohammed-Karikatur der Satirezeitschrift „Charlie Hebdo" zeigte, kam es zu Diskussionen in der Schulgemeinschaft, entfacht durch Eltern aus dem islamistischen Lager. Am 16. Oktober 2020 wurde Samuel Paty auf offener Straße von Abdullah Ansorow enthauptet. Dieser Mord war das fünfte islamistische Attentat in Frankreich im Jahr 2020. Vor diesem Hintergrund sprach Emmanuel Macron aber nicht, wie man vermuten könnte, über den Islamismus und Terrorismus, sondern über erfolgreiche Lehrpersonen am Beispiel von Samuel Paty. Hier nur ein paar Auszüge aus der beeindruckenden Rede:[2]

> „Samuel Paty liebte Bücher, er liebte Wissen, mehr als alles andere. Seine Wohnung war eine Bibliothek. Seine schönsten Geschenke waren Bücher, aus denen man etwas lernen konnte. Er mochte es, wenn Bücher seinen Schülern, aber auch seiner Familie und seinen Freunden die Leidenschaft des Wissens, den Geschmack der Freiheit vermitteln … Samuel Paty war ein leidenschaftlicher Lehrer, er unterrichtete mit großer Leidenschaft, und das hatte er an mehreren Mittelschulen und Gymnasien bis hin zu dem von Conflans-Saint-Honorine getan. Wir alle tragen in unseren Herzen und in unseren Erinnerungen das Bild eines Lehrers, der den Verlauf unseres Lebens verändert hat. Sie wissen schon: Dieser Lehrer, der uns das Lesen, Zählen und Vertrauen beigebracht hat. Dieser Lehrer, der uns nicht nur Wissen vermittelte, sondern der uns durch ein Buch, einen Blick, durch seine Gedanken einen Weg eröffnete."

> „Samuel Paty war einer jener Lehrer, die wir nicht vergessen, einer jener leidenschaftlichen Menschen, die in der Lage sind, Nächte damit zu verbringen, die Geschichte der Religionen zu studieren, um seine Schüler und ihre Überzeugungen besser zu verstehen. Diese bescheidenen Menschen, die sich selbst tausend Mal in Frage stellten … Samuel Paty verkörperte den Lehrer, von dem Jaurès in dem soeben verlesenen Brief an die Lehrer träumte: ‚Standhaftigkeit gepaart mit Nachsicht'. Wer die Größe des Denkens zeigt, lehrt Respekt, zeigt, worum es in der Zivilisation geht … Wie ein Echo erklingen deshalb die Worte Ferdinand Buissons: ‚Um einen Republikaner zu machen', schrieb er, ‚muss man den Menschen, wie klein und bescheiden er auch sein mag […] nehmen und ihm die Idee geben, dass er selbst denken muss, dass er niemandem gegenüber Glauben noch Gehorsam schuldig ist, dass es an ihm liegt, nach der Wahrheit zu suchen und sie nicht von einem Meister, einem Regisseur, einem Führer, wer auch immer er sein mag, zu übernehmen.'

Genau das war es auch, wofür Samuel Paty kämpfte: Republikaner hervorzubringen."

„Warum wurde Samuel also getötet? Warum? Am Freitagabend glaubte ich zunächst an den willkürlichen Wahnsinn, an absurde Willkür: ein weiteres Opfer des grundlosen Terrorismus. Schließlich war er nicht das Hauptziel der Islamisten, er war nur ein Lehrer. Er war nicht der Feind der Religion, die sie benutzten, er hatte den Koran gelesen, er respektierte dessen Anhänger, unabhängig von ihren Überzeugungen, er interessierte sich für die muslimische Zivilisation. Nein, im Gegenteil, Samuel Paty wurde genau wegen all dessen getötet. Weil er die Republik verkörperte, die jeden Tag in den Klassenzimmern wiedergeboren wird, die Freiheit, die in der Schule weitergegeben und deren Fortbestand dort sichergestellt wird."

„Samuel Paty wurde am Freitag zum Gesicht der Republik, zum Gesicht unseres Willens, die Terroristen zu zerschmettern, die Islamisten einzuengen, als eine Gemeinschaft freier Bürger in unserem Land zu leben, unsere Entschlossenheit zu zeigen, dass wir lernen und lehren werden, frei zu sein. Denn wir werden weitermachen, Herr Lehrer! Wir werden die Freiheit verteidigen, die Sie so gut gelehrt haben, und wir werden den Säkularismus hochhalten. Wir werden die Karikaturen, die Zeichnungen nicht aufgeben, auch wenn sich andere zurückziehen. Wir werden alle Möglichkeiten, die die Republik der gesamten Jugend schuldet, ohne jede Diskriminierung anbieten. Wir werden fortfahren, professeur! Mit allen Lehrern und Professoren Frankreichs werden wir unsere Geschichte, ihren Ruhm wie auch ihre Wechselfälle lehren. Wir werden Literatur, Musik, alle Werke der Seele und des Geistes entdecken lassen. Wir werden auch künftig mit all unserer Kraft die Debatte lieben, die vernünftigen Argumente, die freundliche Überzeugungsarbeit. Wir werden die Wissenschaft und ihre Kontroversen lieben."

„Nous continuerons, professeur!"

Ein beeindruckendes Statement eines Landesoberhauptes in mehrfacher Hinsicht: Zum einen zeigt sich in den Worten die tiefe Einsicht, dass es bei einer erfolgreichen Lehrperson nicht nur um Wissen und Können geht. Besonders einflussreich sind die Werte, die eine Lehrperson verkörpert und die sie antreiben. Zum anderen ist es mutig, sich vor die Kameras nicht nur der eigenen Nation, sondern der ganzen Welt zu stellen und in aller Deutlichkeit Position zu beziehen – für die Demokratie und allen voran für den Lehrerberuf.

In diesen Situationen schielt man als jemand, der zeit seines Lebens in der Lehrerbildung tätig ist, nach Frankreich und reibt sich verwundert die Augen, warum in Deutschland solche Bekenntnisse nicht zu vernehmen sind. Ganz im Gegenteil: „Faule Säcke" gab Gerhard Schröder, damals Ministerpräsident von Niedersachen und später der neunte Bundeskanzler, mit Blick auf Lehrpersonen zu Protokoll. Auch wenn er sich 25 Jahre danach von seiner Aussage distanzierte. Der Schaden war angerichtet und besteht bis heute.[3]

So ist das vorliegende Buch vor allem für Lehrpersonen geschrieben. Es soll ihnen helfen, ihre so wichtige Aufgabe für den Einzelnen und die Gesellschaft anzunehmen und umzusetzen. Dabei wird im Lauf eines Lebens immer wieder eine Krise auftreten, bei der der Sokratische Eid als Leitlinie dienen kann. Darüber hinaus soll der Sokratische Eid allen anderen, den Lernenden, den Eltern, der Bildungsverwaltung und der Gesellschaft insgesamt, vor Augen führen, wie wichtig und vielschichtig der Lehrerberuf ist, und gleichzeitig daran erinnern, dass jeder einen Beitrag dafür leisten kann, ja muss, wenn eine Nation wie Deutschland weiterhin eine Bildungsnation sein möchte.

Natürlich macht allein eine Selbstverpflichtung noch keinen guten Unterricht und schafft allein noch nicht einen Bildungserfolg. Dazu bedarf es mehr, beispielsweise einer bestimmten Ausstattung, einer bestimmten finanziellen Sicherheit u. v. a. m. Allen voran bedarf es aber der Selbsttätigkeit der Lernenden. Denn Bildung ist und bleibt im Kern ein intrapersonaler Prozess, ein Vorgang, für den der Mensch selbst verantwortlich ist. Mit anderen Worten: Bildung meint nicht das, was man aus mir gemacht hat, sondern das, was ich aus meinem Leben gemacht habe.

Aber diese Zuspitzung gilt dann auch für den Lehrerberuf. Dessen Erfolg hängt entscheidend von der Professionalität des Einzelnen ab. So richtig es daher ist, dass eine Selbstverpflichtung alleine nichts bewirken kann, so richtig ist auch: ohne diese Selbstverpflichtung verpufft nahezu alles, was im Schulsystem an Innovationen möglich ist. Ob es die Reduzierung der Klassengröße von 30 auf 20 Lernende, die millionenschere Förderung der Digitalisierung, die Einführung eines neuen Lehrplanes oder die Veränderung des mehrgliedrigen Schulsystems ist, immer bleibt der Erfolg dieser Maßnahmen aus, wenn die Lehrpersonen nicht dahinter stehen. Strukturen schaffen und Menschen stärken, ist daher einer der wichtigsten Ergebnisse der empirischen Bildungsforschung. Denn es sind die Menschen, die das Schulsystem zum Leben erwecken. Erfolgreiches Lehrerhandeln ist eine Frage der Haltung, wie sie in Form eines Berufseides fixiert werden kann.

Danken möchte ich an dieser Stelle Andreas Breitenstein, seines Zeichens Redakteur bei der „Neuen Zürcher Zeitung“. Als ich ihm meinen Text im Februar 2022 schickte, war er davon angetan und ermöglichte eine Veröffentlichung am 21. März 2022 unter dem Titel „Was ist ein guter Lehrer?“. Das war für mich der Start in eine tiefere Auseinandersetzung, die sich im Kern als Zusammenführung meiner theoretischen und empirischen Arbeiten der letzten zwanzig Jahre zeigte. Diese fand im Beitrag „Der Sokratische Eid“, veröffentlicht in der Pädagogischen Rundschau, Heft 4/2022, eine erste Verschriftlichung. Hierfür und auch für die Möglichkeit der Wiederverwertung möchte ich Univ.-Prof. apl. Dr. Birgit Ofenbach in ihrer Funktion als Chefredakteurin danken. Es folgten viele Rückmeldungen, darunter Zustimmung und Kritik. Beides ist willkommen und beides ist wichtig, um eine zeitgemäße Interpretation des Sokratischen Eides vorlegen zu können. Erkenntnisfortschritt ist nie die Sache eines Einzelnen, sondern immer auf den Dialog angewiesen.

Ohne Frage schwingt bei den nachstehenden Ausführungen immer eine Portion Pathos (emotionaler Apell) und Ethos (moralischer Apell) mit. Folgt man an dieser Stelle der Einsicht von Aristoteles, dass beide neben Logos (Folgerichtigkeit) zu den drei wichtigsten Aspekten einer erfolgreichen Rede gehören, so ist dies beabsichtigt und insbesondere für eine Erneuerung des Sokratischen Eides unerlässlich.[4]

Mit dem vorliegenden Buch ergeht somit die Einladung an eine breite bildungsinteressierte Öffentlichkeit, meine Ausführungen kritisch-konstruktiv zu diskutieren. Bildung ist gesamtgesellschaftlich gesehen eines der wichtigsten Felder. Es ist Zeit, dass wir sie mit dem entsprechenden Ernst wahrnehmen und gestalten.

2. Was ist ein Berufseid und was kann er leisten?

Vor dreißig Jahren hat Hartmut von Hentig in einer Zeit, in der es keine Corona-Pandemie, keine Klimakrise und keinen Ukraine-Konflikt gab, sondern die Welt nach damaligen Maßstäben in Ordnung schien, den Versuch unternommen, einen Berufseid für Lehrpersonen zu formulieren.[5] Anlass für ihn war die Notwendigkeit einer öffentlichen Selbstverpflichtung angesichts vieler Reformen und Gegenreformen, die – wie im Nationalsozialismus und in der DDR – unpädagogischen Gesichtspunkten folgten und nicht dem Wohl der Kinder dienten.

Ohne Zweifel: Hartmut von Hentig ist – für viele und durchaus nachvollziehbar – vor dem Hintergrund seiner Verstrickungen in die Odenwaldschule vom Nestor der deutschen Pädagogik zu einer „persona non grata" geworden. Um es an dieser Stelle klar und deutlich zu machen: Die sexuellen Übergriffe an der Odenwaldschule, für die Gerold Becker, der Lebensgefährte Hartmut von Hentigs, maßgeblich verantwortlich war, sind eine Gräueltat, die nicht zu rechtfertigen ist. Jeder Versuch, das zu tun, muss scheitern, weil er die Würde der Kinder mit Füßen tritt. Dass nun ausgerechnet Hartmut von Hentig das auf dilettantische Art und Weise versucht hat,[6] ist insofern umso irritierender, als gerade er vor dem Hintergrund seines erziehungswissenschaftlichen Werkes wissen muss: Sexuelle Übergriffe lassen sich meistens noch erklären, vielleicht sogar verstehen, aber niemals rechtfertigen.

Was für die Person gilt, muss aber nicht für das wissenschaftliche Werk und dessen Wirkungsgeschichte zutreffend sein. Die „rigorose Auffassung der Einheit von Werk und Person", schreibt Jürgen Habermas, „scheint mir der Autonomie des Gedankens und erst recht seiner Wirkungsgeschichte nicht gerecht zu werden".[7] Und mit Blick auf Martin Heidegger und dessen aktive Verstrickungen in den Nationalsozialismus formuliert er: „Das fragwürdige Verhalten eines Autors wirft auf sein Werk gewiss einen Schatten. Aber das Heidegger'sche Werk, vor allem ‚Sein und Zeit', hat einen so eminenten Stellenwert im philosophischen Denken unseres Jahrhunderts, dass die Vermutung abwegig ist, die Substanz dieses Werkes könne durch politische Bewertungen von Heideggers faschistischem Engagement mehr als fünf Jahrzehnte danach diskreditiert werden."[8] Das gilt auch – mutatis mutandis – für Person und Werk Hartmut von Hentigs. Der Mensch kann durch sein persönliches Wirken das Werk durchaus beschädigen, aber niemals zu Fall bringen. Nähmen wir als Erziehungswissenschaftlerinnen und Erziehungswissenschaftler die rigorose (erkenntnistheoretische) Auffassung des unauflöslichen Konnexes von Werk und Person für bare Münze, verböte sich selbst die weitere Lektüre von Jean-Jacques Rousseaus „Emile" in erziehungswissenschaftlichen Lehrveranstaltungen.

So zeigen sich die pädagogischen Überlegungen von Hartmut von Hentig bis heute als innovativ und inspirierend. Vor allem für den Sokratischen Eid, wie er ihn im Jahr 1991 erstmals formuliert hat, trifft dies zu. Generationen von Lehrpersonen haben sich damit auseinandergesetzt und davon leiten lassen.[9]

Bereits damals führte Hartmut von Hentig aus, dass ein Eid wie aus der Zeit gefallen erscheine und für den heutigen Menschen befremdlich sei. Wieso denn ausgerechnet ein Berufseid für Lehrpersonen? Nötig sei er, weil er einerseits eine öffentliche Selbstverpflichtung darstellt, das Lehrerhandeln dem Wohl des Kindes unterzuordnen, und andererseits eine Schutzwirkung gegenüber Mechanismen hat, die diese Ausübung des Lehrerberufes behindern können.[10]

Mit diesen Ausführungen hat Hartmut von Hentig einen Diskurs aufgegriffen, der in der Erziehungswissenschaft immer wieder geführt wird und in seinen Grundzügen nachzuzeichnen ist.[11] Bemerkenswert ist sicherlich, dass nicht nur in Deutschland Berufseide von Lehrpersonen diskutiert werden. Weltweit gibt es mehrere Versionen. Die größten Kontroversen entstanden in den USA, wo seit 1863 fast zwei Drittel der US-Bundesstaaten Loyalitätseide für Lehrpersonen einführten und juristisch verankerten.[12] Der „Massachusetts Teachers' Oath" beispielsweise war ein Loyalitätseid, der in Massachusetts seit 1935 für den Lehrerberuf gesetzlich vorgeschrieben war. Nach größeren Diskussionen über die Reichweite des Loyalitätseides, der bis ins Private eingriff, wurde das Gesetz 1967 aufgehoben. Weitere aktuelle Varianten sind zum Beispiel der „Comenius-Eid" in Finnland,[13] der Lehrereid auf den Philippinen,[14] der „Abdul-Kalam-Lehrereid" in Indien,[15] der „Teachers Pledge" in Singapur und der „Betimi i Mësuesit" im Kosovo.[16]

Zunächst gilt es zu klären, was ein Eid überhaupt ist. Denn die Bedeutung des Wortes „Eid" ist vielfältig. Etymologisch betrachtet ist es zwar erst im 8. Jahrhundert belegt, aber der Begriff und damit das Verständnis finden sich seit der Antike immer wieder in zahlreichen Gegebenheiten, was die überdauernde Bedeutung aufzeigt. So tauchen Eide auch heute in der Alltagssprache auf – beispielsweise als Amtseid, wie bei der Vereidigung des deutschen Bundeskanzlers oder des US-amerikanischen Präsidenten, als Meineid, wenn ein Zeuge wissentlich und vorsätzlich eine falsche Aussage macht, als Gelübde, zum Beispiel in der katholischen Kirche bei der Aufnahme in eine Ordensgemeinschaft, oder als eidesstattliche Erklärung, wie bei studentischen Arbeiten. In jedem dieser Kontexte geht es nicht nur um die Bekräftigung einer Aussage, sondern auch um die Verpflichtung, diese Aussage nach bestem Wissen und Gewissen getätigt zu haben, und damit verbunden um das Tragen der Konsequenzen für den Fall, dass man dieser Verpflichtung aus welchen Gründen auch immer nicht nachkommt.

Die Unterschiede in den genannten Kontexten sind im Bezug zu sehen, auf den hin der Eid gesprochen wird. So kann es im Fall des Amtseides des deutschen Bundeskanzlers das Grundgesetz und damit das deutsche Volk sein (möglich mit dem Zusatz „So wahr mir Gott helfe!") oder im Fall des Gelübdes eines Ordensbruder Gott und die Ordensgemeinschaft.

Eine besondere Stellung innerhalb dieser Eide nimmt der Hippokratische Eid ein, benannt nach dem antiken Arzt Hippokrates von Kos, weil er eine der längsten Geschichten hat. Bis heute wird er innerhalb der Medizinethik diskutiert und an gegenwärtige Positionen angepasst (zum Beispiel Schwangerschaftsabbruch). Unter anderem enthält er die Verpflichtungen, Kranke vor Schaden zu bewahren und Patienteninformationen vertraulich zu behandeln.

Ein weiterer Unterschied in den genannten Kontexten ist im Hinblick auf die Konsequenzen zu sehen. Während beispielsweise ein Meineid eine Straftat darstellt und nach §154 StGB mit einer Freiheitsstrafe von sechs Monaten bis zu fünf Jahren geahndet werden kann, sind sämtliche Amtseide, wie beispielsweise der des deutschen Bundeskanzlers, nicht strafbewehrt.[17] In der Regel sind diese Eide auch nicht die Voraussetzung für die Übernahme des Amtes, sondern die Folge daraus.

Allein schon aus juristischen Gründen ist dieses Verständnis leitend für einen Berufseid von Lehrpersonen. Er kann nur die Folge und nicht die Voraussetzung der Übernahme einer schulischen Lehrtätigkeit sein. Dementsprechend ist ein Bruch der geäußerten Verpflichtungen vor allem eine Gewissensfrage des Einzelnen. Diese kann durchaus zum Gesprächsanlass aller Beteiligten werden, aber an weitreichende Sanktionen ist sie nicht geknüpft. Eine Ausnahme ist an dieser Stelle hervorzuheben: die Würde des Menschen und damit verbunden die leibliche, seelische und geistige Unversehrtheit der anvertrauten Kinder. Bricht eine Lehrperson mit diesen Grundsätzen, ist das Feld der Gewissensfrage verlassen und juristische Schritte mit allen privat-, arbeits- und gegebenenfalls beamtenrechtlichen Folgen sind einzuleiten.

In erziehungswissenschaftlichen Diskussionen zu einem Berufseid wird immer wieder auf den Hippokratischen Eid rekurriert, was insofern sinnvoll ist, als die Berufe eines Arztes und eines Lehrers durchaus Parallelen aufweisen. Denn in beiden ist Ewald Terhart zufolge „aufgrund struktureller Besonderheiten der Arbeitsvollzüge eine administrative Steuerung und Kontrolle von außen weder sinnvoll noch möglich“ und beide „basieren sehr stark auf Beziehungs- und Gefühlsarbeit“. Ein Berufseid kompensiert in diesem Sinn das Risiko, das „eine Gesellschaft dadurch eingeht, dass sie die Lösung gravierender oder doch zumindest als gravierend wahrgenommener sozialer und/oder individueller Probleme an eine bestimmte Berufsgruppe delegiert und dabei die Bildung eines Monopols toleriert.“[18]

Im Gegensatz zum Arzt, der im Kern nur dem Patienten gegenüber verpflichtet ist, übernimmt eine Lehrperson ein doppeltes Mandat. Denn den ihr verfassungsrechtlich anvertrauten Bildungs- und Erziehungsauftrag muss sie auf der einen Seite gegenüber der Schülerin bzw. dem Schüler und auf der anderen Seite gegenüber der Gesellschaft erfüllen. Helmut Fend hat diesen Aspekt im Rahmen einer Theorie der Schule herausgearbeitet.[19] „Ein Beruf mit derart schwierigen Aufgaben und einem derart großen Ermessensspielraum bei der Wahl der Mittel zu ihrer Durchführung“, folgert Wolfgang Brezinka, „kann nur jemand befriedigend ausfüllen, der zu den Aufgaben des Berufes und zu den Normen, die für seine Ausübung gelten, moralisch positiv eingestellt ist und sie habituell als ihn selbst verpflichtend erlebt.“[20]

Da mittlerweile auch eine Vielzahl an empirischen Ergebnissen der Professionsforschung die angestellten Überlegungen stützen, wird Lehrerprofessionalität als Symbiose von Kompetenz und Haltung im

Hinblick auf das Fach, die Pädagogik und die Didaktik gesehen. Erfolgreiche Lehrpersonen haben demzufolge nicht nur das nötige Wissen und Können, sondern bringen auch ein entsprechendes Wollen und Werten mit.[21]

3. Was zeichnet Lehrerprofessionalität aus?

Die Einstiegssituation des vorliegenden Buches, wonach ein Mensch im Lauf seines Lebens 15 000 Stunden in der Schule verbringt und von ca. 50 Lehrpersonen unterrichtet wird, führt in der Reflexion häufig dazu, dass man sich an vier, fünf gute Lehrpersonen erinnern kann sowie an sieben, acht schlechte. Das Problem ist nicht, dass es gute und schlechte Lehrpersonen gibt. Das Bemerkenswerte ist vielmehr, dass der Großteil der Lehrpersonen, die man einmal hatte, im Nichts verschwindet, wohingegen es eine Handvoll schafft, ein Leben lang positiv in Erinnerung zu bleiben.

Um genau diese Lehrpersonen geht es. Sie waren Lehrpersonen, die einen großen Einfluss auf unser Lernen und auch auf unsere Bildung hatten – und bis heute noch haben. Dabei wird es vor allem darum gehen, zu betrachten, was sie taten, wie sie das, was sie taten, machten und warum sie das, was sie taten, machten. Und die Herausforderung, diese Perspektiven zusammenzubringen, führt an die Frage heran, was Lehrerprofessionalität ist. Unter Rückgriff auf verschiedene Zugänge wird im Folgenden der Versuch unternommen, eine Annäherung an das Konstrukt „Lehrerprofessionalität" zu liefern.

Im Jahr 2009 hielt Simon Sinek, ein US-amerikanischer Motivator und Buchautor, einen TED Talk mit dem Titel „How great leaders inspire action". Dieser Vortrag sorgte binnen kürzester Zeit für weltweite Diskussionen und ist bis heute der am dritthäufigsten angesehene Film auf TED.com – fast 60 Millionen Aufrufe in den letzten acht Jahren. Kurz nach dem Vortrag veröffentlichte Simon Sinek das Buch „Start with Why“, in dem er seine Gedanken differenzierter darstellt:[22]

Seine Idee ist auf den ersten Blick vielleicht zu einfach, um wahr zu sein: Drei konzentrische Kreise, versehen mit den Worten „What?“, „How?“ und „Why?“, sollen Erfolg erklären? Erst auf den zweiten Blick entpuppen sich die damit verbundenen Zusammenhänge als hilfreich, um erfolgreiche Personalführung beschreiben zu können. Und auch pädagogische Expertise lässt sich damit besser verstehen.

Simon Sinek argumentiert, dass erfolgreiches Handeln aus drei unterschiedlichen Perspektiven betrachtet werden kann: Erstens lässt sie sich aus der Perspektive untersuchen, was getan wird. Zweitens kann die Perspektive eingenommen werden, zu fragen, wie etwas getan wird. Und drittens ist es möglich danach zu fragen, warum etwas getan wird. Zur Veranschaulichung seiner Gedanken zeichnet Simon Sinek folgende Kreise, die er Golden Circle nennt:[23]

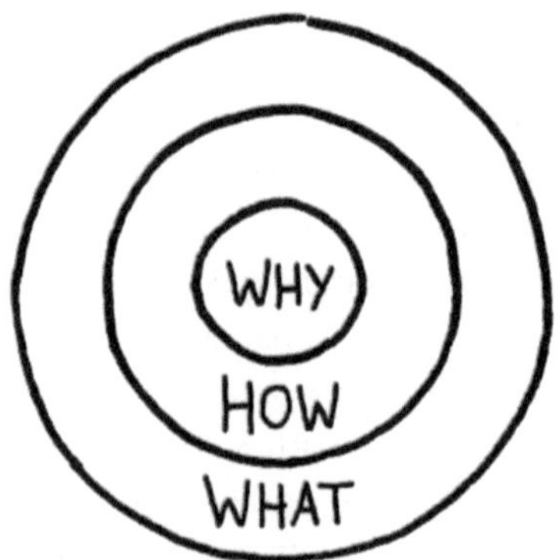

Die Kernbotschaft von Simon Sinek ist, dass viele Menschen mit dem äußeren Kreis ihre Überlegungen beginnen und auch beenden. Sie fragen danach, was sie tun, und denken häufig nicht weiter. Die weitaus wichtigeren Fragen, wie und warum sie das, was sie tun, machen, werden insofern gar nicht gestellt. Auf diesem Weg verlieren viele Menschen häufig das eigentliche Ziel aus den Augen und verfehlen damit auch ihre zentrale Aufgabe. Das Ergebnis ist ein sinnentleertes, mechanisches Reagieren auf äußere Reize, ohne in der Lage zu sein, von innen heraus zu agieren. Erfolgreiches Handeln sieht anders aus. Hier ist die Frage, warum etwas zu tun ist, wegweisend und im Zentrum der Überlegungen. Von hier aus folgen die Schritte, danach zu fragen, wie etwas zu tun ist und letztendlich was zu tun ist. Als Zuspitzung lässt sich in Anlehnung an Simon Sinek der Satz formulieren: Für erfolgreiches Handeln ist nicht nur entscheidend, was getan wird. Viel wichtiger ist, wie und warum das, was getan wird, gemacht wird. Infolgedessen ist das Geheimnis des Erfolges in seinen Augen darin zu sehen, mit dem inneren Kreis und der Frage nach dem Warum zu beginnen und von dort aus nach außen zu gehen und die Fragen nach dem Wie und dem Was anzuschließen.

Zur Veranschaulichung seiner Überlegungen stellt Simon Sinek drei Beispiele vor: Apple, Martin Luther King und die Wright Brüder.

Was ist das Geheimnis des Erfolges von Apple? Sicherlich ist es nicht, was Apple tut: Apple stellt Computer, Tablets und Handys her – wie viele andere Firmen auch. Und wenn man sich diese Geräte genauer anschaut, dann muss man gestehen, dass diese nicht so viel besser sind als die der Konkurrenz – ein Handy, das sich in der Hosentasche verbiegt, ist zwar ein Alleinstellungsmerkmal, aber sicherlich nicht in einem positiven Sinn.[24] Ebenso liegt es nicht daran, wie Apple das, was es tut, macht. Vielmehr zeigt eine detaillierte Betrachtung unter dieser Perspektive genau das Gegenteil: umkämpfte Löhne, kritische Umweltbilanz (obschon viel Verbesserung in den letzten Jahren). Insofern ist das Geheimnis des Erfolges von Apple in der Frage nach dem Warum zu sehen: Wer heute einen Apple kauft, der legt sich nicht nur ein technisches Gerät zu, sondern bekommt auch eine Lebensphilosophie, eine Lebenseinstellung, eine Leidenschaft mit dazu. Apple steht für das Gefühl, ein besseres Leben zu leben.

Warum ist Martin Luther King der bekannteste und einflussreichste Anführer des African-American Civil Rights Movement? Sicherlich nicht allein deswegen, was er tat. Er war nicht der einzige Humanist zu der Zeit und seine Ideen waren die Ideen einer größeren Gruppe von Aktivisten. Auch nicht allein deswegen, wie er das, was er tat, machte. Zweifellos war er ein herausragender Redner mit Feuer und Leidenschaft. Aber auch das hob ihn nicht in entscheidendem Maß von seinen Mitstreitern ab. Somit ist der Grund für den Erfolg von Martin Luther King woanders zu suchen: Warum machte er das, was er tat? Die 250 000 Menschen, die sich am 28. August 1963 auf den Weg nach Washington machten, bekamen keine Einladung. Sie kamen, weil sie an Martin Luther King glaubten – weniger an das, was er sagte, oder an das, wie er es sagte, sondern vor allem an das, warum er es sagte. Martin Luther King hatte eine Vision davon, warum er das, was er tat, machte. „I have a dream.“, sind seine unsterblichen Worte – und nicht „I have a plan.“ Die Menschen, die Martin Luther King an diesem Tag hörten, waren zutiefst berührt, teilten dieselben Werte und hatten eine gemeinsame Vision. Sie alle glaubten daran, dass dieser Tag alles verändern wird.

Am 17. Dezember 1903 gelang den Wright Brüdern als erste Menschen ein Flug mit einem Motor angetriebenen Flugzeug. Warum ausgerechnet ihnen? Im Vergleich zu anderen Teams, die sich mit ihnen im Wettbewerb befanden, hatten sie die schlechtesten Voraussetzungen: keine Förderung, keine Unterstützung durch die Regierung, keine herausragenden Beziehungen und keine besondere Bildung. Verglichen mit dem bekanntesten Kontrahenten, dem Team von Samuel Pierpont Langley, hätten sie den Wettlauf um die Krone der Flugzeugpioniere verlieren müssen. Denn Samuel Pierpont Langley war nicht nur Professur an der United States Naval Academy, er besaß zudem die besten Kontakte in Regierungskreise und hatte ausreichend Fördermittel. Warum also dennoch die Wright Brüder? Zweifellos waren beide Teams hoch motiviert, hatten ein klares Ziel vor Augen und arbeiteten hart für den Erfolg. Der Unterschied aber war nicht das Glück oder die

Gunst der Stunde. Es war Inspiration: Während das Team von Langley die ersten sein wollten, um Ruhm und Ehre zu erfahren, ging es den Wright Brüdern um die Vision, den Glauben, den Traum vom Fliegen. Das Team von Langley war motiviert für das, was sie taten, und für die Wright Brüder stand das Warum ihres Tuns im Vordergrund.

Die Kernbotschaft von Simon Sinek zeigt sich somit am Erfolg von Apple, Martin Luther King und den Wright Brüdern: Sie alle begannen nicht mit der Frage, was sie tun, sondern mit der Frage, warum sie das, was sie tun, machen. Sie alle hatten eine Vision, eine Leidenschaft, einen Glauben – und sie waren in der Lage, all das zu kommunizieren und mit anderen zu teilen.

Es ist überraschend und faszinierend, dass die Kernbotschaft von Simon Sinek, die er aus seiner Erfahrung und Expertise gewonnen hat, eine empirische Übereinstimmung findet: Howard Gardner startete 1995 zusammen mit Mihály Csíkszentmihályi und William Damon das „Good Work Project".[25] In diesem versuchten die drei Wissenschaftler die Frage zu klären: Was zeichnet erfolgreiche Arbeit aus? Zur Beantwortung führten sie mehr als 1 200 Interviews mit Personen aus neun verschiedenen Berufszweigen durch, um zu verstehen, wie darin beruflicher Erfolg definiert wird und wie sich gute Arbeit erkennen lässt. Aus dem umfangreichen Datensatz kristallisierten sie eine vermeintlich einfache Formel heraus: Gute Arbeit zeichnet sich durch „3 E's" aus. Sie ist die Verbindung und Verschmelzung von Exzellenz, Engagement und Ethik. Ein erfolgreicher Arbeiter weiß, was er tut, er sorgt sich darum und kann Gründe für das nennen, was er tut. Dabei ist es belanglos, ob über die Arbeit eines Putzpersonals oder die Arbeit eines Top-Managers gesprochen wird: Gute Arbeit ist eine Frage von Exzellenz, Engagement und Ethik.

Zur Verdeutlichung dieses Gedankens ein Beispiel aus dem Alltag. Stellen Sie sich dazu bitte folgende Situation vor: Sie bestellen eine Tasse Kaffee in einer Bar. Im ersten Fall serviert Ihnen die Bedienung die Tasse Kaffee, indem sie freundlich und wertschätzend mit Ihnen kommuniziert, so dass Sie das Gefühl haben, ein gern gesehener Gast zu sein. Im zweiten Fall serviert Ihnen die Bedienung die Tasse Kaffee ohne mit Ihnen zu sprechen, sie nicht einmal anzusehen und Ihnen damit das Gefühl zu geben, nicht willkommen zu sein. In beiden Fällen steht die Tasse Kaffee vor Ihnen. Das Ergebnis ist also das gleiche, aber dennoch ist es nicht dasselbe, so dass die beiden Fälle die Kernbotschaft der 3 E's verdeutlichen können: Gute Arbeit ist nicht nur eine Frage von Exzellenz, also dem Wissen und Können, das für die Ausübung der Arbeit notwendig ist, sondern auch und vor allem von Engagement, also der Motivation hinsichtlich der Arbeit, und Ethik, also den Werten und den Gründen, die mit einer Arbeit immer verbunden sind.

Es zeigt sich also, dass das Servieren einer Tasse Kaffee von unterschiedlicher Qualität ist, obwohl die Tasse Kaffee immer vor uns steht. Die Qualität hängt in entscheidender Weise von der Exzellenz, dem Engagement und der Ethik der Bedienung ab. Mit Blick auf die Ausführungen im Anschluss an Simon Sinek lässt sich die Exzellenz mit dem Was, das Engagement mit dem Wie und die Ethik mit dem Warum verbinden. Insofern ist es möglich, die Überlegungen von Simon

Sinek mit den Forschungsergebnissen von Howard Gardner, Mihály Csíkszentmihályi und William Damon zu verbinden und zu veranschaulichen. Erneut bietet sich hierfür das Kreismodell an.

Im Folgenden sollen diese Überlegungen die Grundlage sein, um pädagogische Expertise erklären zu können. Dafür ist es hilfreich, den für viele vermeintlichen Kern des Pädagogischen im Allgemeinen und des Unterrichtens im Besonderen in den Blick zu nehmen: Fachkompetenz.

Es zählt zu den hartnäckigsten Mythen in der erziehungswissenschaftlichen Diskussion, dass eine erfolgreiche Lehrperson die ist, die besonders viel Fachwissen besitzt. Die ganze universitäre Lehrerbildung basiert auf dieser Annahme und gibt dem Fachstudium dementsprechend den größten Raum. Und wann immer über Reformen in der Lehrerbildung diskutiert wird, hat der Ruf nach mehr Fachkompetenz einen festen Platz.

Wie kann es aber sein, dass Fachkompetenz in empirischen Studien fast einen Nulleffekt auf die Lernleistung der Schülerinnen und Schüler hat?[26]

Das didaktische Dreieck als ein altes, wenn nicht sogar das älteste Modell der Pädagogik, kann helfen, um diese Ergebnisse zu verstehen. Ausgehend von den Protagonisten des Unterrichts – Lehrperson, Schülerschaft und Stoff – lassen sich damit drei dialogische Strukturen unterscheiden: Erstens ein Dialog zwischen Lehrperson und Schülerschaft. Zweitens ein Dialog zwischen Schülerschaft und Stoff. Und drittens ein Dialog zwischen Lehrperson und Stoff. Da diese Dialoge in der Praxis ineinandergreifen, wird die Forderung abgeleitet, dass es sich beim didaktischen Dreieck um ein gleichseitiges Dreieck handeln sollte. Folglich sollen die Beziehungen und die Wechselwirkungsverhältnisse zwischen Lehrperson, Schülerschaft und Stoff ausgewogen und ausgeglichen sein. Es ist an dieser Stelle darauf hinzuweisen, dass Unterricht immer eingebettet ist in eine gewisse Struktur, so dass eine

Vielzahl von weiteren Aspekten eine Wirkung auf diesen ausübt. Zu denken ist beispielsweise mit Blick auf die äußere Struktur an gesellschaftliche, politische und kulturelle Bedingungen und mit Blick auf die innere Struktur an situative Gegebenheiten wie die Gestaltung des Raumes, das individuelle Befinden aller Beteiligten, zeitliche Vorgaben usw. Nachstehende Abbildung fasst das Gesagte in bekannter Weise zusammen.

Geht man davon aus, dass Unterricht erst stattfindet, wenn die drei beschriebenen dialogischen Strukturen erkennbar sind, dann lässt sich für die geringe Wirksamkeit der Fachkompetenz eine Erklärung finden:[27] Fachkompetenz spannt die dialogische Struktur zwischen Lehrperson und Stoff auf – nicht mehr, aber auch nicht weniger. Unterricht lässt sich insofern ohne bzw. allein mit Fachkompetenz nicht halten. Es erfordert Weiteres:

Wir alle kennen Menschen, die ungeheuer viel wissen, es aber nicht erklären können. Ihnen fehlt es an didaktischer Kompetenz. Sie ist verantwortlich für die dialogische Struktur zwischen Schülerschaft und Stoff. Beispielsweise steht die Lehrperson vor der Herausforderung, die Lernumgebung so zu gestalten, dass es den Schülerinnen und Schülern möglich ist, sich die Sache zu erschließen. Eine adäquate Auswahl von Methoden wie beispielsweise Unterrichtsprinzipien sowie Arbeits- und Aktionsformen, Sozialformen, Lehrformen und Lernformen, zählt hierzu ebenso wie eine entsprechende Gestaltung von Medien, zeitliche und räumliche Strukturierung sowie Passung der Ziele und Inhalte auf die Lernausgangslage der Schülerschaft. Dass aber eine didaktische Kompetenz alleine ebenso wenig ausreicht wie Fachkompetenz, zeigt beispielsweise der Faktor „Sprachkompetenz der Lehrperson“, für die in empirischen Studien ebenfalls eine geringe Wirksamkeit auf die Lernleistung berichtet wird.[28]

Wir alle kennen Menschen, die ungeheuer viel wissen, aber so unnahbar sind, dass man sich am liebsten nicht mit ihnen in einem Raum

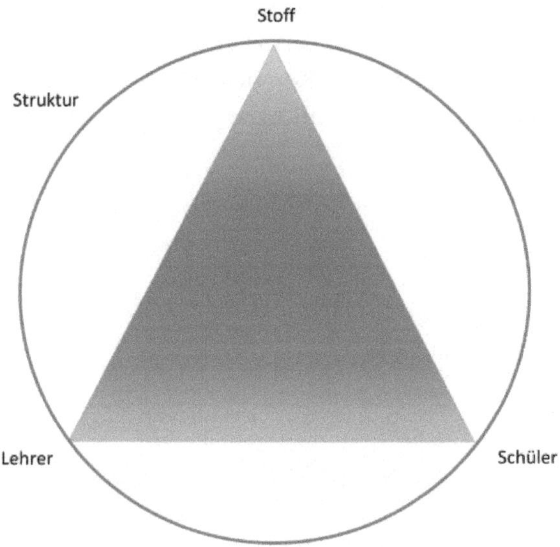

aufhält. Diese können keinen Bezug zum Gegenüber aufbauen und es mangelt ihnen an pädagogischer Kompetenz, die entscheidend ist für die dialogische Struktur zwischen Schülerschaft und Lehrperson. Beispielsweise muss die Lehrperson in der Lage sein, mit den Schülerinnen und Schülern in ein Gespräch zu kommen, muss eine Atmosphäre des Vertrauens und Zutrauens aufbauen können, muss für Geborgenheit im Lehr-Lern-Prozess sorgen. Die große Wirksamkeit, die in empirischen Studien für den Faktor „Lehrer-Schüler-Beziehung“ berichtet werden, untermauert dies.

Insofern reicht Fachkompetenz alleine nicht aus, um erfolgreich Unterrichten zu können. Sie muss flankiert werden von didaktischer und pädagogischer Kompetenz – und erst in dieser Trias kann sie wirksam werden. Eine entsprechende Wechselwirkung ist also entscheidend. Wir brauchen also ein hohes Maß an Fachkompetenz und ein ebenso hohes Maß an didaktischer und pädagogischer Kompetenz. Der Vollständigkeit halber sei noch erwähnt, dass eine Lehrperson in der

Lage sein muss, die inneren und äußeren Rahmenbedingungen des Unterrichts zu analysieren, zu verstehen und zu berücksichtigen. Sie benötigt also eine systemische Kompetenz. Nachstehende Abbildung versucht das Gesagte zu verdeutlichen:

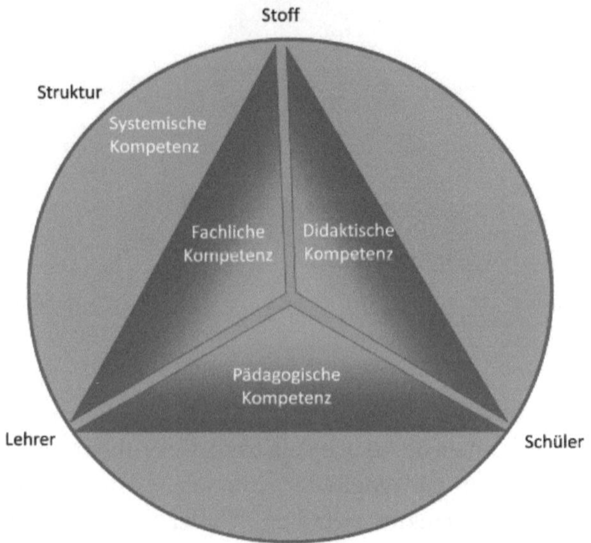

Fachkompetenz, didaktische Kompetenz und pädagogische Kompetenz sind folglich nicht als Gegensätze zu sehen, sondern als Teile eines Ganzen. Betrachtet man vor diesem Hintergrund die aktuelle Lehrerbildung, so sind durchaus Defizite feststellbar: In der ersten Phase dominiert die Fachkompetenz, während auf pädagogische und didaktische Kompetenz kaum eingegangen wird – auf die Vernetzung dieser Kompetenzbereiche schon gar nicht. In der zweiten Phase dominieren pädagogische und didaktische Kompetenzen, bei gleichzeitigem Ausruhen auf der universitär erworbenen Fachkompetenz – und auch hier findet kaum eine Vernetzung statt. In der dritten Phase wird es dann „autodidaktisch": Jeder ist seines Glückes eigener Schmied

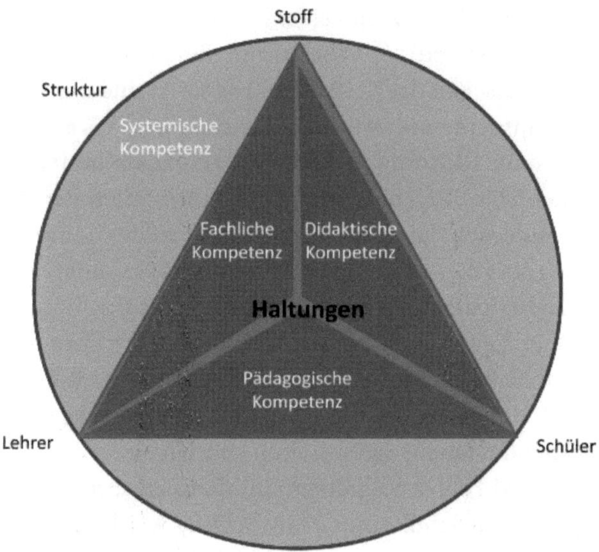

und Lehrerbildung geht in der grenzenlosen Freiheit auf – oder auch unter. Professionelle Lehrerbildung muss anders aussehen.

So überzeugend diese Überlegungen auch sein mögen: Die Trias aus Fachkompetenz, didaktischer Kompetenz und pädagogischer Kompetenz reicht nicht aus, um erfolgreich zu unterrichten. Vielmehr wissen wir nicht erst seit heute, dass es gerade in pädagogischen Kontexten nicht nur darauf ankommt, was wir machen, sondern auch und vor allem darauf, wie und warum wir etwas machen. Insofern ist nicht allein die Kompetenz in Form von Wissen und Können ausschlaggebend, sondern vor allen Dingen die Haltung in Form von Wollen und Werten – und letztere bestimmt, ob erstere zum Einsatz kommt. Erneut wird der Versuch unternommen, diesen Gedanken mithilfe des didaktischen Dreieckes zu veranschaulichen.

Am Beispiel des Fehlers lässt sich das Gesagte verdeutlichen: Eine Lehrperson kann alles über Fehler wissen und auch Verfahren kennen, die Lernenden helfen, aus Fehlern zu lernen. Was aber, wenn diese

Lehrperson eine Haltung zum Fehler hat, wonach der Fehler etwas ist, was es zu vermeiden gilt? Was aber, wenn diese Lehrperson die Fehler, die tagtäglich aufseiten der Lernenden passieren und auch die eigenen Fehler nicht aufgreift, weil es ihr nicht wichtig ist? Was aber, wenn diese Lehrperson die Richtung vorgibt, dass Fehler am besten vermieden werden sollen? Das Ergebnis wird eine Atmosphäre der Angst sein, in der Lernende sich davor fürchten, einen Fehler zu machen. Damit schwindet Kreativität, Mut und auch Freude. Wie anders verhält sich die Situation bei einer Lehrperson, die ebenfalls das Wissen und das Können hat, Fehler kritisch-konstruktiv im Unterricht zu nutzen, aber eine positive Haltung zum Fehler entwickelt hat, weil Fehler für sie wichtig im Bildungsprozess sind? Sie wird Fehler suchen, um zu wissen, wo Lernende stehen, was sie schon können und was sie noch nicht können. Sie wird Fehler aufgreifen, um dann entsprechend Hilfestellung zu geben. Und Schülerinnen und Schüler werden keine Angst vor Fehlern haben, sondern erkennen, dass Fehler zum Lernen gehören und wichtig sind, weil sie deutlich machen, was schon gekonnt wird und was noch genauer in den Blick zu nehmen ist.

Und damit ist die Verbindung zu den Überlegungen von Simon Sinek sowie Howard Gardner, Mihály Csíkszentmihályi und William Damon offensichtlich: Entscheidend für erfolgreiches Handeln in Schule und Unterricht ist nicht nur Wissen und Können (in diesem Sinn Exzellenz und die Frage nach dem Was), sondern auch Wollen (in diesem Sinn Engagement und die Frage nach dem Wie) und Werten (in diesem Sinn Ethik und die Frage nach dem Warum). Interessant ist dabei vor allem die Feststellung, dass zwischen diesen Aspekten ein innerer Zusammenhang besteht: Können basiert auf Wissen, das erst abgerufen wird, wenn ein Wollen vorhanden ist. Und dafür gibt es immer Gründe, so dass das Wollen auf einem Werten fußt. Pädagogisches Agieren zeigt sich vor diesem Hintergrund als ein zutiefst ethisches Handeln. Kann eine Lehrperson beispielsweise auf das nötige Können, Wissen, Wollen und Werten zurückgreifen, wird sie in einer Situation entsprechend handeln. Und, sofern der Kontext günstig ist,

wird sie in ihrem Tun auch erfolgreich sein. Fehlt einer der genannten Aspekte, beispielsweise das Wollen, so wird die Lehrperson aller Voraussicht nach mit ihrem Tun scheitern. Nachstehende Abbildung fasst das Gesagte zum K3W-Modell (Können, Wissen, Wollen, Werten) zusammen:

Es liegt auf der Hand, dass ein hohes Maß an Kompetenz alleine noch keine Expertise begründet, ebenso wie die besten Haltungen dafür nicht ausreichen. Stattdessen kommt es auf das Wechselspiel zwischen Kompetenz und Haltung an. Blickt man vor diesem Hintergrund auf die Biographie einer Lehrperson, so ist festzustellen, dass es vor allem die Haltung ist, die ein Leben lang zur Disposition steht: Während das Wissen und Können im Bereich Schule und Unterricht überschaubar ist, steht das Wollen und Werten tagein, tagaus auf dem Prüfstand. Und schlussendlich sind es die Haltungen, die darüber entscheiden, ob man ein Leben lang den herausfordernden Lehrerberuf erfolgreich ausübt.

Klar ist darüber hinaus auch, dass die Förderung der Kompetenz im Vergleich zur Veränderung der Haltung eine einfache Aufgabe darstellt. Aber sollten wir deswegen davor zurückschrecken? Wenn wir pädagogische Expertise entwickeln wollen, dann bleibt uns gar keine andere Wahl, als diese Herausforderung anzunehmen und ins Zentrum der Lehrerbildung zu rücken.

Erfolgreiche Lehrpersonen haben nicht nur eine Leidenschaft für das Fach, sondern auch für die Didaktik und die Pädagogik, für die Lernenden und für ihren Beruf. Und diese Leidenschaft ist nicht nur wichtig, um eine erfolgreiche Lehrperson zu werden. Sie ist auch wichtig, um ein Leben lang diesen herausfordernden Beruf auszuüben, also erfolgreiche Lehrperson zu bleiben.

4. Was lässt sich unter „Haltungen" verstehen und warum sind sie entscheidend für einen Berufseid?

An dieser Stelle des Diskurses entzündet sich häufig die Debatte: Ist mit einem entsprechenden Professionsverständnis eine Gesinnungsethik gemeint? Sind Haltungen nicht etwas, was man gar nicht erlernen kann? Soll ein Berufseid zu einer Vereinheitlichung von Denken und Handeln führen? Sicherlich gibt es diese Positionen auch in der Erziehungswissenschaft, beispielsweise fordert Wolfgang Brezinka in der Lehrerbildung eine Gesinnungsvermittlung.[29] Dass dieser Schluss mit Vorsicht zu bewerten ist, kann am bereits angesprochenen Begriff der Haltungen deutlich gemacht werden:[30]

Dieser erfährt derzeit eine Renaissance. Blickt man auf Wahl- und Werbeplakate, so stößt man auf ihn – parteiübergreifend und lagerübergreifend: Haltung gegen Rechts, in der Asylpolitik, gegen Hetze, beim Tierschutz usw. In nahezu allen gesellschaftlichen Themengebieten spielt er eine Rolle. Dies muss angesichts der Geschichte, auf die der Haltungsbegriff selbst zurückblicken kann, überraschen, stand er doch zum Beispiel in einer Posener Rede von Heinrich Himmler an einer Stelle im Zentrum, als es um die Haltung des SS-Mannes ging.

Vor diesem Hintergrund erscheint es unabdingbar, eine begriffliche Reflexion vorzunehmen. Dem klassischen Verfahren der Begriffsexplikation folgend wird auf etymologische und alltagssprachliche Aspekte ebenso eingegangen wie auf wissenschaftliche Ergebnisse.

Das Wort „Haltung“ stammt u. a. vom mittelhochdeutschen „halten“ ab, das mit „hüten, schützen, bewahren“, später auch mit „halten, festhalten“ übersetzt werden kann. Dementsprechend finden sich in der Alltagssprache zwei Denominationsgruppen: Zum einen wird das Wort mit Blick auf das Körperliche verwendet („Achte auf eine saubere Körperhaltung!“) und zum anderen hinsichtlich des Geistigen („Er hat in dieser schwierigen Situation Haltung gezeigt.“). Mit diesen Beispielen zeigt sich, dass Haltung im Kern etwas Positives, Wichtiges, Erhabenes meint und den Bezug des Menschen zu sich selbst und der Welt beschreibt.

Für den Haltungsbegriff, wie er im Kontext eines Berufseides diskutiert wird, ist die zweite Bedeutung von Interesse. Dabei wird ersichtlich, dass Haltungen von außen, also von anderen Menschen, beobachtbar sind, aber gleichzeitig auch von innen, folglich von jedem einzelnen Menschen, in den Blick genommen werden können. Letzteres setzt ein Selbstbewusstsein voraus, das in der wissenschaftlichen Analyse des Haltungsbegriffes wesentlich ist.

Blickt man vor diesem Hintergrund in die Begriffsgeschichte, so reicht diese zurück bis in die Antike. Beispielsweise findet sich bei Aristoteles in seiner Nikomachischen Ethik das Wort „hexis“, das zentral ist für eine Tugendethik:[31] Zwar kann der Mensch nichts für die Umstände und die daraus resultierenden Gefühle, die ihn ereilen. Aber er ist verantwortlich, wie er damit lebt und was er daraus macht. Ein damit verbundenes Selbst- und Weltverständnis stellt eine Konkretisierung der allgemeinen Bestimmung von Haltungen als Selbst- und Weltbezug dar. Das angedeutete Merkmal der Stabilität wird von Otto Friedrich Bollnow weiter herausgearbeitet, wenn er den Haltungen die Stimmungen gegenüberstellt:[32] Während Stimmungen etwas sind, was sich schnell ändern kann und insofern volatil ist, erweisen sich

Haltungen als beständig und überdauernd – ohne aber unveränderbar oder starr zu sein. Anders als bei Stimmungen sind Veränderungen von Haltungen die Folge von tiefgreifenden Erfahrungen, womit erneut das Selbstbewusstsein als Kategorie angesprochen ist.

Eine weitere Dichotomie wird sichtbar, wenn der Haltungsbegriff im Singular und im Plural verwendet wird. Grundlage dafür ist, dass der Mensch einerseits eine Grundhaltung zum Leben insgesamt entwickeln kann, andererseits diese aber aus einer Reihe von Teilhaltungen zu Einzelfragen des Lebens besteht. Letzteres ist die Basis für eine Professionshaltung, die im Kontext von Erziehung und Unterricht zu fordern ist.

Zeigen sich diese Aspekte des Haltungsbegriffes annähernd widerspruchsfrei, offenbaren sich die Schwierigkeiten beim Blick in den aktuellen internationalen Diskurs. Denn dort gibt es ein Begriffswirrwarr: Habitus, Einstellungen, Wertungen, Überzeugungen, beliefs, attitudes, efficacy, mindset und mindframes, um nur ein paar Beispiele zu nennen. Was ist was und wie hängt das Eine mit dem Anderen zusammen? Im Folgenden lassen sich diese Fragen nicht abschließend beantworten, aber ein Versuch der Ordnung soll dennoch vorgelegt werden:

Ausgehend von Jürgen Habermas' Drei-Welten-Theorie unterscheidet Ken Wilber vier Erkenntnisquellen, die mit Blick auf Haltungen unterschiedliche Facetten eröffnen:[33] Erstens einen objektiven Selbst- und Weltbezug, dessen Grundlage empirische Daten sind. Haltungen sind hier objektive Einstellungen. Zweitens einen subjektiven Selbst- und Weltbezug, dessen Grundlage Interessen, Wünsche und Bedürfnisse sind, wie man sie in Glaubenssätzen findet. Haltungen sind hier subjektive Überzeugungen. Drittens einen intersubjektiver Selbst- und Weltbezug, dessen Grundlage Werte und Normen sind, wie sie durch einen Diskurs in einer Gemeinschaft festgelegt werden. Haltungen sind hier intersubjektive Wertungen. Und viertens einen interobjektiven Selbst-

und Weltbezug, dessen Grundlage systemische Zusammenhänge sind, wie sie in Rollenzuschreibungen sichtbar werden. Haltungen sind hier systemische Einstellungen. Insofern umfassen Haltungen immer subjektive Überzeugungen, intersubjektive Wertungen, objektive Einstellungen und interobjektive Einstellungen. Da es zwischen diesen Facetten durchaus Widersprüche geben kann – so kann ein Mensch mit Leidenschaft Jäger sein, aber sich ebenso für artgerechte Tierhaltung einsetzen – ist kennzeichnend für Haltungen nicht, dass sie konsistent sind, sondern kohärent. Diese Kohärenz weist erneut auf die Veränderbarkeit von Haltungen hin. Denn Unstimmigkeiten können zu einem Selbstbewusstsein führen. Nachstehende Abbildung fasst das Gesagte zusammen:

Haltungen umfassen ...

Subjektive Überzeugungen	Objektive Einstellungen
Intersubjektive Wertungen	Systemische Einstellungen

Mit diesen Überlegungen zeigt sich, dass sich der Haltungsbegriff eignet, eine historische Spaltung zwischen geisteswissenschaftlicher Pädagogik einerseits und empirischer Bildungsforschung andererseits aufzuheben. Denn seit Jahrzehnten gibt es diese Lager, die gerade im Kontext eines Berufseides „besonders fatal" agieren, wie es Ewald Terhart resümiert: „Während das empirische Forschungsprogramm Prozesse beschreibt, arbeitet der andere Diskussionskontext Normensysteme und Tugendkataloge sowie deren jeweilige systematische Begründungen aus. Solange die einen jedoch nur herausarbeiten, wie es sein sollte, und die anderen immer wieder nur beweisen, dass es so eben nicht ist, ist kein wechselseitiges Lernen, kein systematischer

Erkenntnisfortschritt möglich."[34] Haltungen sehen sich genau in dieser Vermittlerrolle, weil sie subjektive Überzeugungen, intersubjektive Wertungen, systemische Einstellungen und objektive Einstellungen umfassen und diese in eine Kohärenz überführen. Vor diesem Hintergrund ist es nicht das Lehrersein infolge des Lehrerwerdens, das die berufsbiographische Aufgabe beschreibt, sondern das Lehrerbleiben.

Im Kontext einer Professionalisierung ist es genau dieser Möglichkeitsraum, der evident wird. Somit geht es nicht einseitig um eine Gesinnungsethik (nach dem Motto: „Hauptsache die richtigen Haltungen!") oder eine Verantwortungsethik (nach dem Motto: „Hauptsache das Ziel erreicht!"). Vielmehr muss es in Anlehnung an Max Weber um eine Professionsethik gehen,[35] die sowohl nach den Ursachen als auch nach den Folgen des Handelns im Licht einer Humanität und eines daraus folgenden Bildungsverständnisses fragt.

5. Warum eignet sich Sokrates als Gewährsmann für einen Berufseid von Lehrpersonen?

Es mag durchaus überraschen, dass Hartmut von Hentig bei seiner ersten Veröffentlichung des Sokratischen Eides 1991 keine Begründung lieferte, warum er ausgerechnet Sokrates als Gewährsmann für seine Überlegungen nannte.[36] Ein Blick in seine Biographie lässt erahnen warum: Hartmut von Hentig kannte als Alt-Philologe die Griechische Antike im Detail und nach fast dreißig Jahren als Professor in Göttingen war es für ihn allem Anschein nach mehr als selbstverständlich, Sokrates auszuwählen.[37]

Diese Einschätzung ist heute sicherlich nicht mehr zutreffend. Denn die Kenntnis der Griechischen Antike ist nicht mehr vorauszusetzen – schon gar nicht im erziehungswissenschaftlichen Diskurs, der sich nach mehreren empirischen Wenden in eine andere Richtung entwickelt hat. Aus diesem Grund ist es an dieser Stelle notwendig, die Bestimmung des Sokrates als Gewährsmann für einen Berufseid von Lehrpersonen offenzulegen. Warum also ausgerechnet Sokrates?

Philosophiegeschichtlich steht Sokrates für eine Zeitenwende. „Mit ihm", so schreibt Günter Figal, „fängt an, was man seitdem Philosophie nennt … mit Sokrates tritt alles, was es zuvor schon gab, in ein neues Licht."[38] Sokrates wurde 469 v. Chr. in Alopeke geboren und starb 399

v. Chr. in Athen, nachdem er wegen Gottlosigkeit vor Gericht gestellt und bei dem Prozess zum Tod verurteilt wurde. Er musste den Schierlingsbecher trinken, damals eine übliche Art der Hinrichtung. Dieses Ereignis ist, wie auch die ganze Philosophie des Sokrates, nicht durch ihn selbst überliefert, sondern durch seine Schüler, allen voran Platon.

Das Neue an Sokrates' Philosophie zeigt sich am besten in Platons Dialog „Sophistes". In diesem ist zwar nicht von Sokrates die Rede, aber von den bedeutenden Denkern vor seiner Zeit, unter anderem Parmenides, Heraklit und Empedokles. Diese hätten ihre Zuhörer wie Kinder behandelt und „Geschichten erzählt, unbekümmert darüber, ob man ihnen folgen konnte."[39] Mit Sokrates ändert sich diese Art des Philosophierens radikal: Er arbeitet mit Gesprächen, entfaltet Fragen und Antworten, prüft, ob der Gesprächspartner folgen kann oder nicht. Während die Vorsokratiker also ihre Gedanken verkündeten, ist es Sokrates ein Anliegen, seine Gedanken zu diskutieren und im Dialog zu entfalten. „Durch Sokrates ist das Denken zum Gespräch geworden",[40] fasst Günter Figal diesen Sachverhalt zusammen. Mit dieser Wendung in der Art und Weise des Austausches zeigt sich Sokrates als Lehrer, denn seine Gespräche beginnen und enden immer bei seinem Gegenüber. Er will die Menschen nicht belehren, sondern ihnen bei der Entfaltung ihrer Persönlichkeit helfen. Wir müssen uns, so schreibt Hans Joachim Störig, Sokrates als Menschenbildner vorstellen, „vom Glauben an den Menschen und Liebe zu ihm getrieben … nicht als Lehrer allgemeiner Sätze."[41]

Bekannt geworden sind die Grundsätze seiner Gesprächsführung unter dem Begriff „Mäeutik", was mit „Hebammenkunst" übersetzt werden kann. Bis heute ist historisch umstritten, wie realistisch diese „Idealportraits" sind, die bei Platon und anderen über Sokrates und sein Vorgehen zu lesen sind. Davon abgesehen sind folgende Prinzipien aus pädagogischer Sicht bemerkenswert: das Einlassen auf die Lernenden; das dialogische Verständnis; die Lebensnähe der Fragen; das Vertrauen in die Möglichkeiten der Lernenden und das Zutrauen in ihre Leistungsfähigkeit; die Angstvermeidung; das Berücksichtigen des Vorwissens und der Vorerfahrungen; die Authentizität der Lehrperson; die Förderung der Selbstständigkeit mit dem Wissen um die damit verbundene Hilfsbedürftigkeit; der wertschätzende Umgang mit den Lernenden; das schrittweise Vorgehen; das bewusste Üben und das reflektierte Vertiefen; die Berücksichtigung des ganzen Menschen in seiner Leib-Seele-Geist-Einheit; das Einholen und das Geben von Rückmeldungen und vieles andere mehr.[42]

Wichtiger als die genannten Punkte ist für das vorliegende Buch die Überlieferung, dass Sokrates sein Leben dementsprechend ausrichtete und selbst in seinen Verteidigungsreden nicht auf Kompromisse einging: „Wenn ihr mich also wie gesagt auf diese Bedingung losgeben wolltet, so würde ich zu euch sprechen, ich bin euch zwar zugetan und Freund, gehorchen aber werde ich dem Gotte mehr als euch, und solange ich noch atme und es vermag, werde ich nicht aufhören nach Weisheit zu suchen und euch zu ermahnen und zu beweisen, wen von euch ich antreffe, mit meinen gewohnten Reden".[43] Dass Sokrates also sein Todesurteil so vorbehaltlos akzeptiert, ist Ausdruck einer Frömmigkeit, die nach Auffassung von Günter Figal die Grundlage für das Verständnis des Lebens und der Philosophie des Sokrates ist: „Es sei besser zu sterben als schändlich handelnd sein Leben zu bewahren … und außerdem sei der Tod nichts Schlechtes, weil er in jedem Fall die Abwesenheit der das Leben heimsuchenden Übel sei, möglicherweise aber sogar ein besseres Leben".[44] Mit anderen Worten: Selbst in der Stunde des Todes hält Sokrates an seinen Lebensprinzipien fest und bleibt sich seinem Leben und seiner Philosophie treu.

„Wie konnte ein solcher Mann, der zwar eine Persönlichkeit von sittlicher Größe war und für seine Überzeugung starb, dessen eigentliche Philosophie aber kaum greifbar ist, eine unermessliche geschichtliche Wirkung haben?", fragt Hans Joachim Störig und gibt folgende Antwort: Die Nachwirkung des Sokrates beruht „tatsächlich mehr auf seiner einzigartigen Persönlichkeit, die uns noch über die Jahrtausende hinweg menschlich nahe sein kann, als auf dem, was er lehrte, indem nämlich mit ihm etwas in die Geschichte der Menschheit eintrat, was von da an zu einer immer weiter wirkenden Kulturkraft wurde: die in sich selbst unerschütterlich gegründete, autonome sittliche Persönlichkeit. Dies ist das ‚sokratische Evangelium' vom innerlich freien Menschen, der das Gute um seiner selbst willen tut."[45]

Sokrates als Gewährsmann zu nehmen, ist also damals wie heute sinnvoll. Denn Sokrates ist ein „primus inter pares", kann er als eine der ersten Lehrpersonen angesehen werden, die grundlegende Einsichten in die Bildung hatte und die ohne Zweifel auch aktuell Anspruch auf Gültigkeit erheben können. Diese Grundsätze setzte er in seinen Dialogen um und blieb ihnen ohne jeden Zweifel zeitlebens verbunden.

6. Warum ist eine Erneuerung des Sokratischen Eides notwendig?

Allein der Hinweis auf die Verstrickung Hartmut von Hentigs in die Verbrechen an der Odenwaldschule ist für viele ausreichend, seinen Sokratischen Eid abzulehnen und eine entsprechende Erneuerung zu fordern. Es gibt allerdings noch weitere triftige Gründe:

In der Medizin gehört es zum Selbstverständnis, dass eine permanente und stetige Diskussion zum Hippokratischen Eid stattfindet. Neue Entwicklungen erfordern es, ihn immer wieder in den Blick zu nehmen. Warum aber heute erneut über einen Berufseid für Lehrpersonen nachdenken? Welche Entwicklungen gibt es, die eine Erneuerung des Sokratischen Eides nötig machen? Steht es so schlecht um das Wohl der Kinder?[46]

„O tempora, o mores", lautet das geschichtsträchtige Zitat von Cicero. Es pointiert eine Eigenschaft von uns Menschen: Wir neigen dazu, die Welt schlechter zu sehen als sie ist. Deswegen sind es vor allem auch negative Schlagzeilen, die sich verkaufen lassen. Und je mehr von diesen negativen Schlagzeilen wir hören und lesen, desto negativer wird das Bild über die Welt. Doch das so gewonnene Bild über die Welt muss nicht der Wahrheit entsprechen.

Vor diesem Hintergrund überrascht es nicht, wenn zwei Bücher in den letzten Jahren genau mit der gegenteiligen Position zu Bestsellern avancierten – denn im Grund sind beide Bücher damit etwas, was aus der Reihe fällt, und in diesem Sinn eine „negative" Nachricht. Damit ziehen sie Aufmerksamkeit auf sich. Die Rede ist von Hans Roslings „Factfulness" und Steven Pinkers „Aufklärung jetzt".[47] Kernanliegen beider Autoren ist, dem zunehmenden Populismus und der Mythenbildung in der öffentlichen Diskussion entgegenzuwirken – und zwar mit Fakten und wissenschaftlichen Erkenntnissen. In einer Zeit, die geprägt ist von tiefgreifenden Umwälzungen und daraus resultierender Verunsicherung bei vielen Menschen, sehen Hans Rosling und Steven Pinker in der Besinnung auf das, was wir wirklich wissen, die Antwort. Ihre Quintessenz ist dann auch eine andere: Uns Menschen ging es noch nie so gut wie heute.

Dieses Ergebnis leiten Hans Rosling und Stefen Pinker aus ihrer Sammlung an Daten zu nahezu allen Bereichen ab, die für uns Menschen wichtig sind. Ein Streifzug soll im Folgenden zur Verdeutlichung dienen:

- *Gesundheit: Global betrachtet werden Menschen immer älter. Die durchschnittliche Lebenserwartung steigt auf der ganzen Welt. Mit ein Garant für diese Tatsache sind Fortschritte in der medizinischen Versorgung. Besonders deutlich wird dies an der Mütter- und Kindersterblichkeit, die sich erfreulicherweise auf einem Rekordtief befindet.*
- *Wohlstand: Global betrachtet war das Mindesteinkommen von Menschen noch nie so hoch wie heute. Demzufolge sind auch weniger Menschen denn je von Armut betroffen.*
- *Frieden: Global betrachtet gab es noch nie so viele Demokratien wie heute. Der Demokratisierungsprozess ist weltweit auf dem Vormarsch und kommt folglich allen Menschen zugute.*
- *Bildung: Global betrachtet war die Quote der Alphabetisierung noch nie so hoch wie heute. Vor allem Frauen profitieren von dieser Entwicklung, da sie heute in so vielen Ländern wie noch nie zuvor eine Schulbildung erhalten können. Damit ist auch die Geschlechterfrage einen deutlichen Schritt weiter als noch vor Jahrzehnten.*

- *Umwelt: Global betrachtet gab es noch nie so viele Naturschutzgebiete wie heute. Gesamtgesellschaftlich betrachtet ist Umweltschutz angekommen und wird an verschiedenen Punkten vorangetrieben. Selbst beim CO2-Ausstoß ist festzustellen: Die Fortschritte, die in den letzten Jahren zu verzeichnen sind, weisen in die richtige Richtung. Die Luft wird besser.*

Diese Zahlen sind zweifelsfrei überzeugend und sie belegen eindringlich: Wir Menschen haben viele Möglichkeiten. Wir Menschen sind in der Lage, viele Probleme unserer Zeit durch Urteilskraft und Tatendrang zu lösen. Wir Menschen können die Welt zu einer besseren Welt machen.

Dennoch möchte ich an dieser Stelle inne halten und weitere Entwicklungen präsentieren, die uns aufhorchen lassen müssen. Erneut ein Blick in die bereits angesprochenen Bereiche:

- *Gesundheit: Richtig ist, dass die durchschnittliche Lebenserwartung von Menschen noch nie so groß ist wie heute. Richtig ist aber auch, dass noch nie so viele Menschen wie heute an Zivilisationskrankheiten sterben. Mit der Folge: Menschen werden zwar dank eines medizinischen Fortschrittes älter, sie werden aber auch früher schwer krank. Die Lebenswelt, die in den letzten Jahrzehnten durch Menschen verändert wurde, führt zu immer früheren schweren Erkrankungen. Der medizinische Fortschritt hilft, ein Leben in Krankheit zu verlängern.*
- *Wohlstand: Richtig ist, dass das durchschnittliche Mindesteinkommen stetig gestiegen ist. Richtig ist aber auch, dass die Verteilung des Reichtums noch nie so disparat war wie heute. Aktuell besitzen laut Oxfam-Studie die weltweit über zweitausend Milliardäre so viel wie 60% der Weltbevölkerung.*
- *Frieden: Richtig ist, dass der Demokratisierungsprozess global betrachtet auf dem Vormarsch ist. Richtig ist aber auch, dass noch nie so viele Menschen wie heute auf der Flucht waren – wegen Krieg, Folter und Vertreibung. Nach aktuellen Schätzungen der UN im Jahr*

2022 ca. 100 Millionen Menschen weltweit. Und richtig ist auch, dass in immer mehr Ländern ein rechtes Lager an Bedeutung gewinnt, dem es nicht um die eine Welt geht, sondern um den einen Nationalstaat.

- *Bildung: Richtig ist, dass Bildung global betrachtet für immer mehr Menschen zugänglich ist. Richtig ist aber auch, dass der durchschnittliche Intelligenzquotient seinen Höhepunkt bereits überschritten hat und man folgern kann: Die Menschheit wird dümmer.*
- *Umwelt: Richtig ist, dass es noch nie so viele Naturschutzgebiete gegeben hat wie heute. Richtig ist aber auch, dass die Liste der bedrohten Tier- und Pflanzenarten noch nie so lang und der Plastikmüllteppich in den Weltmeeren noch nie so groß war wie heute.*

Dieses Spielchen – auf der einen Seite gute Zahlen, auf der anderen Seite schlechte Zahlen – ließe sich noch länger spielen. Aber der kurze Streifzug sollte ausreichen, um zu folgern: Es erscheint reduktionistisch, zu sagen, die Welt sei im Lot und noch nie ginge es uns Menschen so gut wie heute. Denn zur Realität gehört eben auch: Die Welt ist aus den Fugen. Wir stehen vor gesamtgesellschaftlichen Herausforderungen, denen wir noch nie zuvor ins Auge gesehen haben. Es wäre naiv zu glauben, dass sich die damit verbundenen Probleme schon irgendwie lösen. Mehr denn je ist Urteilskraft und Tatendrang gefordert. Nicht wegen der Schmetterlinge, der Bienen, der Vögel. Sondern vor allem um unseretwillen. Die Natur wird die Menschheit überleben. Aber wir laufen Gefahr, uns selbst unserer Lebensgrundlage zu berauben.

Wir Menschen stehen heute folglich vor globalen Herausforderungen. Darunter fallen auch Probleme, die wir Menschen verursacht haben und nur global denkend in den Griff bekommen können. In Anlehnung an Wolfgang Klafki kann von epochaltypischen Herausforderungen gesprochen werden.[48] Das Bezeichnende für diese Art von Problemen ist:

- *Sie sind weltweit betrachtet von Bedeutung und erfordern insofern auch globale Lösungsansätze. Kein Nationalstaat kann für sich alleine epochaltypische Herausforderungen bewältigen.*
- *Sie sind historisch gewachsen und treten in einer bestimmten Zeit in den Vordergrund. Kein Nationalstaat kann sich epochaltypischen Herausforderungen entziehen.*
- *Sie haben interdisziplinären Charakter und lassen sich nicht nur aus einer Perspektive betrachten. Epochaltypische Herausforderungen haben mindestens eine ökonomische, eine ökologische und eine soziale Facette.*
- *Sie erfordern nicht nur eine sachliche Analyse, sondern auch eine ethische. Infolgedessen bedarf es verschiedener methodischer Zugänge, um epochaltypische Herausforderungen zu lösen.*

Mit dieser Analyse ist die entscheidende Frage formuliert: Was sollen wir tun? Und damit ist die dritte der kantschen Fragen (Was kann ich glauben? Was darf ich hoffen? Was soll ich tun? Wer ist der Mensch?) angesprochen und sie hat einen pädagogischen Kern. Denn es geht nicht nur darum, die Welt zu beschreiben, wie sie ist, sondern darum, die Welt mitzugestalten.

Die jüngsten Entwicklungen sind gekennzeichnet von einer Reihe solcher globaler Herausforderungen: Corona-Pandemie, Klimakrise und Ukraine-Krieg, um die vielleicht wichtigsten zu nennen. Ohne Zweifel sind sie für die Bildung von Kindern und Jugendlichen nicht folgenlos:

Die Maßnahmen zur Eindämmung der Corona-Pandemie, um nur ein Beispiel weiter auszuführen, haben vor allem das Wohl von Kindern beeinträchtigt.[49] Ob kognitive Lernleistungen, psycho-soziale Entwicklung oder körperliche Verfassung – in all diesen Bereichen der Persönlichkeitsentfaltung ist angesichts empirischer Daten anzuerkennen, dass das Bildungsniveau sinkt. In Anbetracht des Zusammenhanges zwischen Bildungsniveau und Wirtschaftskraft eines Landes muss diese Tatsache bereits aufhorchen lassen,[50] sie wird aber noch eindringlicher in Anbetracht des Zusammenhanges zwischen

Bildungsniveau und Demokratiefähigkeit eines Landes.[51] Denn auch hier gilt: Sinkt das eine, so auch das andere. Besonders dramatisch stimmt, dass Kinder aus bildungsfernen Milieus stärker betroffen sind als Kinder aus bildungsnahen Milieus, was zusätzlich destabilisierend wirken kann. Bildungsungerechtigkeit nimmt also zu, weil das Bildungssystem bestehende Bildungsungleichheiten anstatt zu kompensieren weiter verschärft.[52]

Allein diese Entwicklungen würden es rechtfertigen, eine Erneuerung des Sokratischen Eides anzustoßen, um Kindern eine Stimme zu geben und ihr Wohl in die Mitte des gesellschaftlichen Diskurses zu führen. Es besteht kein Zweifel, dass in der Corona-Pandemie über so vieles, aber verhältnismäßig wenig über das Wohl der Kinder gesprochen wurde – und noch weniger mit den Kindern selbst. Vor diesem Hintergrund wirkt es befremdlich, dass sich ausgerechnet in der Öffentlichkeit stehende Pädagoginnen und Pädagogen immer wieder zu Wort meldeten und die schmerzhaftesten Maßnahmen zur Eindämmung der Infektionen forderten, die Kinder treffen können: Schulschließungen.

Die in den letzten Monaten und bis heute immer wieder geforderte Digitalisierung der Bildung zeigt sich im Licht empirischer Forschungen dabei weniger als Heilsbringer denn als Problem:[53] So wichtig Digitalisierung ist und so bestimmend sie für die heutige Lebenswelt ist, es ist nicht alles Gold, was glänzt. Denn Digitalisierung birgt eine Reihe von Gefahren und Risiken. Handy-Sucht und Cyber-Mobbing sind nur zwei Phänomene, die eine pädagogische Selbstvergewisserung und damit eine Erneuerung des Sokratischen Eides notwendig machen. Denn eine Digitalisierung um der Digitalisierung willen und damit ohne einen pädagogischen Impetus läuft an den Schulen, aber auch gesamtgesellschaftlich gesehen Gefahr, inhuman zu werden.[54]

Ohne Zweifel ermöglichen digitale Medien neue Formen der Kommunikation und Interaktion, indem sie die Grenzen von Raum und

Zeit verrücken. Raum und Zeit lassen sich dabei als Existenzialen im Anschluss an Martin Heidegger verstehen:[55] Sie sind aus ontologischer Sicht Grenzen des Menschseins. Der Mensch ist immer an eine bestimmte Zeit und an einen bestimmten Raum gebunden. Er kann sich weder seinem Hier, noch seinem Jetzt entziehen. Selbst wenn in Gedanken ein Entfliehen gelingt, immer wieder kehrt der Mensch in sein Hier und sein Jetzt zurück. Digitalisierung nimmt auf dieses Hier und Jetzt in besonderer Weise Einfluss, weil es beide nicht auf natürlichem, sondern auf technischem Weg verändert. So können Menschen heute mithilfe digitaler Medien mit Menschen auf der ganzen Welt zur selben Zeit kommunizieren und interagieren. Digitale Kontakte sind in einer Art und Weise möglich, wie sie analog nie möglich wären. Gleichzeitig steigt mit dieser Zunahme an sozialen Kontakten aber auch die Belastung aufseiten des Menschen.[56] Denn weder hat er die Zeit, noch den Raum, sich jederzeit und überall mit seinen sozialen Kontakten zu befassen. Der Mensch kommt also an seine Grenzen und wenn er dies nicht bemerkt, dann drohen gesundheitliche Beeinträchtigungen. Zu viele Nachrichten, die den Menschen erreichen und beantwortet werden wollen, führen zu psychischem Stress und in der Folge auch zu körperlichen Belastungen. So erleiden Menschen Nackenprobleme, selbst neuroplastische Deformationen lassen sich feststellen und das Spiel Pokémon Go hat sogar Menschen in den Tod laufen lassen. Damit zeigt sich: Mit der Entgrenzung von Raum und Zeit durch Digitalisierung kommt es auch zu einer Entgrenzung des Menschen.

Dass diese Entgrenzung des Menschen nicht ohne Folge bleibt, darauf haben technik-kritische Stimmen schon immer hingewiesen, wobei zu betonen ist: kritisch meint hier nicht vernichtend im apokalyptischen Sinn, sondern unterscheidend und trennend basierend auf Vernunft und Empirie.[57] Beispielsweise bringt bereits Martin Heidegger in „Die Frage nach der Technik“ diese Entgrenzung des Menschen zur Sprache, ohne damals auch nur eine Ahnung davon haben zu können, was Technik heute möglich machen kann. Auf der Suche nach dem Wesen der Technik kommt er zu dem Ergebnis: Technik kann dem Menschen seine Freiheit nehmen.[58] Wie ist das zu verstehen? In „Die Antiquiertheit des Menschen“ liefert Günther Anders eine Antwort auf diese Frage:[59] Zunächst definiert er den Menschen als Grenze seiner selbst. Denn der Mensch hat zwar viele Möglichkeiten, aber gleichzeitig sind diese Möglichkeiten auch seine Grenzen. So ist er durchaus ein freies Wesen, das frei ist von bestimmten Zwängen und dadurch auch frei, sich zu entscheiden. Aber diese Freiheit ist nicht grenzenlos, sondern an die Grenzen der menschlichen Vernunft gebunden. Mithilfe der Technik ist der Mensch nun in der Lage, seine eigenen Grenzen zu verschieben. So kann er beispielsweise seine natürlich begrenzte Rechenleistung in der Minute durch Computerunterstützung steigern und steigern. Somit sind Rechenoperationen, die im vordigitalen Zeitalter mehrere Wochen dauerten, heute in Sekundenschnelle realisierbar. Ist diese Technik erst einmal in der Welt, führt sie zu einer Abhängigkeit des Menschen und nimmt ihm seine Freiheit.

Technik im Allgemeinen und Digitalisierung als eine technische Erscheinungsform im Besonderen ermöglichen dem Menschen folglich, seine Grenzen zu verschieben. Sie führen zu einer Entgrenzung des Menschen. Günther Anders nennt diese Verschiebung „prometheisches Gefälle“: Der Abstand zwischen dem Menschen und der von ihm geschaffenen Produktwelt wird immer größer. Daraus zieht er drei Schlussfolgerungen: „dass wir der Perfektion unserer Produkte nicht gewachsen sind; dass wir mehr herstellen als vorstellen und verantworten können; und dass wir glauben, das, was wir können, auch zu dürfen, nein: zu sollen, nein: zu müssen“.[60]

Die Entgrenzung des Menschen durch Digitalisierung fordert daher in besonderer Weise eine Besinnung auf das pädagogische Leitmotiv des Humanismus. Denn Digitalisierung „ist keine Alternative zur humanistisch angeleiteten pädagogischen Praxis, sondern fordert deren Fortführung, ja Radikalisierung. Im Mittelpunkt hat der Mensch zu stehen, seine Urteilskraft, seine Entscheidungsstärke und sein Tatendrang. Auch digitale Bildung muss darauf gerichtet sein, die Bedingungen dafür zu schaffen, dass der Mensch der Autor seines Lebens ist. Eine ‚humane Bildung' im Zeitalter einer digitalen Transformation kann, ja muss aus … die kulturelle Leitidee sein."[61]

Dass diese Digitalisierung noch dazu viel Geld kostet und als Kehrseite der Medaille ein Nachhaltigkeitsproblem erzeugt, mag noch hinnehmbar und möglicherweise heilbar sein. Dass aber in den letzten Jahren eine stete Zunahme von Bildungsausgaben für Reformen und Gegenreformen dazu geführt hat, dass immer mehr Kinder Probleme beim Lernen sowie im Leben haben und daraus resultierend Erziehungsschwierigkeiten in der Schule und in den Familien zunehmen, muss aufhorchen lassen und erfordert eine öffentliche Selbstverpflichtung, was Schule leisten kann und muss.

Und schließlich haben die letzten dreißig Jahre auch die Erziehungswissenschaft verändert: Formulierte Hartmut von Hentig seinen Sokratischen Eid noch vor dem Hintergrund einer geisteswissenschaftlichen Pädagogik, so ist heute die empirische Bildungsforschung das Maß aller Dinge. Allein deshalb ist eine Erneuerung wichtig. Dabei ist zu betonen, dass weder das eine, also die geisteswissenschaftliche Pädagogik, noch das andere, also die empirische Bildungsforschung, besser oder schlechter ist. Beide bilden spezifische Sichtweisen auf Bildung und so kommt es auf die Verbindung dieser beiden Zugänge an.[62] Bildung erfordert sowohl theoretische als auch empirische Zugänge. Hierfür zeigt sich ein Humanismus als Leitidee,[63] der sich in der Realität bewähren muss. Gerade für einen Berufseid ist dieser Anspruch zu erfüllen:[64] So mag er auf den ersten Blick als theoretisches Konstrukt erscheinen, das aber in der empirischen Bildungsforschung beispielsweise als „kollektive Wirksamkeitserwartung" seine empirischen Nachweis erhält.

Es ließen sich noch weitere Gründe anführen und man könnte aus aktuellem Anlass vor allem im Kontext epochaltypischer Herausforderungen auf die Klimakrise, das Nord-Süd-Gefälle oder Krieg und Frieden eingehen. Die angestellten Überlegungen haben allerdings bereits deutlich gemacht, dass jede Zeit eine Neubesinnung und Neuauslegung des Sokratischen Eides erfordert.

7. Wem gegenüber ist eine Selbstverpflichtung notwendig und was muss sie beinhalten?

Angesichts dieser Gemengelage ist es aus meiner Sicht an der Zeit, eine Erneuerung des Sokratischen Eides vorzulegen. Er versteht sich als theoretisch fundierte und empirisch abgesicherte öffentliche Selbstverpflichtung von Lehrpersonen[65] – gegenüber den Kindern, den Eltern, den Kolleginnen und Kollegen, der Bildungsöffentlichkeit, der Gesellschaft und sich selbst.[66]

Im Folgenden wird der Sokratische Eid, wie er zu Beginn des Buches abgedruckt ist, Schritt für Schritt erläutert und erklärt. Die Begründung der einzelnen Punkte berücksichtigt gemäß vollzogener Argumentation theoretische Gesichtspunkte und empirische Erkenntnisse. Dabei handelt es sich um eine Begründung, nicht um die Darlegung einer möglichen Umsetzung. Hierzu wird an den betreffenden Stellen auf weitere Arbeiten verwiesen.

„Wer die Welt bewegen will, sollte erst sich selbst bewegen."[67]

Sokrates

Hartmut von Hentig hat seinen Sokratischen Eid unter die Worte gestellt, die in der Apologie des Sokrates zu finden sind: „So werde ich's mit jung und alt halten ... So nämlich befiehlt es der Gott ... Ob ihr mich freisprecht oder nicht, ich werde nicht anders handeln – und müsste ich noch so oft den Tod über mich ergehen lassen."[68] Diese Zeilen stammen aus der Verteidigungsrede des Sokrates, in der er deutlich macht, dass es besser sei, zu sterben als schädlich zu handeln, und dass der Tod nichts Schlechtes sei, weil er in jedem Fall die Abwesenheit der das Leben heimsuchenden Übel sei.[69] Diese Gelassenheit und Zuversicht, mit der Sokrates in der Stunde seines Todes spricht, zeigt seine Frömmigkeit, ohne die sein Leben und seine Philosophie nicht zu verstehen ist.

Ob diese Worte die besten sind, um auch heute noch einen Berufseid für Lehrpersonen einzuleiten, sei angesichts gesamtgesellschaftlicher Veränderungen dahingestellt. Vor dem Hintergrund der referierten Ergebnisse der empirischen Bildungsforschung scheinen zudem andere Stellen ebenso geeignet zu sein.

Das für die Erneuerung des Sokratischen Eides gewählte Zitat findet sich mannigfach und macht auf zwei Aspekte für erfolgreiche Lehrpersonen aufmerksam: Erstens weist es darauf hin, dass man selbst immer wissbegierig bleiben muss, sich selbst stets hinterfragen muss, Fehler als Chance zu begreifen, nicht stehenbleiben darf. Zweitens adressiert es einen Auftrag, sowohl den Einzelnen als auch die Gemeinschaft zu unterstützen, zu begleiten, zu beeinflussen. Ohne diese Haltung kann eine Lehrperson nicht erfolgreich sein.

Als Lehrperson verpflichte ich mich, all mein Fühlen, Denken und Handeln im Beruf auf das Wohl der mir anvertrauten Kinder hin auszurichten.

Hermann Giesecke kritisiert am Sokratischen Eid von Hartmut von Hentig, dass dieser keinen Unterschied zwischen Beruf und Privatleben formuliert.[70] Dieser Aspekt wird in der Erneuerung des Sokratischen Eides aufgegriffen und deutlich gemacht, dass er sich auf den Lehrerberuf konzentriert und beschränkt. Zudem wird auf die Bereiche des Fühlens, Denkens und Handelns eingegangen, da die neueste

Professionsforschung diese Aspekte als zentrale Bestandteile erfolgreicher Lehrpersonen definiert.[71]

Der Begriff des Kindes ist an dieser Stelle nicht auf ein bestimmtes Alter begrenzt, sondern bezeichnet im pädagogischen Kontext diejenigen Menschen, deren Bildung von anderen Menschen durch Erziehung und Unterricht unterstützt und begleitet wird.

Den Kindern gegenüber verpflichte ich mich,

- *jedes Kind seinen Möglichkeiten und seinem Entwicklungsstand entsprechend zu fordern und zu fördern,*
- *kein Kind zurückzulassen oder abzuschreiben, egal welche Gründe gegeben sind,*
- *das Scheitern von mir anvertrauten Kindern immer und immer wieder als Anlass für neue Wege meines Lehrens zu nehmen,*
- *Fehler als Chance zu begreifen, nicht als Makel,*
- *Herausforderungen im Bildungsprozess zu setzen, damit Unter- und Überforderung nicht eintreten,*
- *Motivationen zu suchen, aufzugreifen und zu wecken,*
- *immer und immer wieder in den Dialog zu gehen, Rückmeldungen zu geben und einzuholen, Fragen zu stellen und zuzuhören,*
- *Unterrichtsfächern eine dienende Funktion im Bildungsprozess zuzuschreiben,*
- *alle Bereiche der Persönlichkeit anzusprechen und anzuregen,*
- *Vertrauen in die Welt und die eigene Person zu schenken und tagtäglich sichtbar zu machen,*
- *die Klasse und die Schule als Willkommensort zu begreifen und zu gestalten,*
- *für eine wertschätzende, angstfreie und bildungswirksame Atmosphäre und Beziehung zu sorgen und*
- *für die leibliche, seelische und geistige Unversehrtheit der mir anvertrauten Kinder einzustehen.*

Die Kinder sind die ersten und wichtigsten Protagonisten, gegenüber denen eine Selbstverpflichtung aus Sicht einer Lehrperson notwendig ist. Daneben sind es aus schultheoretischer und -praktischer Sicht die Eltern, die Kolleginnen und Kollegen, die Bildungsöffentlichkeit, zu der auch die Bildungsverwaltung gezählt wird, die Gesellschaft als Ganzes und auch die eigene Person. Beim Sokratischen Eid von Hartmut von Hentig sind diese Aspekte ohne Systematik angeführt, was zu einem Verlust an Klarheit und Nachvollziehbarkeit führt.

Die Priorisierung in der Reihung auf die Kinder rechtfertigt sich mit der Übernahme des verfassungsrechtlich verankerten Bildungs- und Erziehungsauftrages durch die Lehrperson. Das damit verbundene und bereits angesprochene doppelte Mandat, nämlich Verantwortung für die Bildung des Einzelnen und den Fortbestand der Gesellschaft zu tragen, rückt in diesem Kontext die Bildung des Einzelnen ins Zentrum.

Die im Sokratischen Eid angeführten Punkte lassen sich mit einer Reihe von Ergebnissen aus der empirischen Bildungsforschung begründen, wie sie beispielsweise in Kriterienkatalogen zur Unterrichtsqualität zusammengefasst sind.[72] So ist aus erziehungswissenschaftlicher Sicht unstrittig, dass eine positive Fehlerkultur, in der Fehler als wichtige Rückmeldung für Lernende und Lehrpersonen gesehen werden, lernförderlicher und bildungswirksamer ist als eine Atmosphäre, in der Fehler als Makel begriffen werden und Angst erzeugen. Dafür notwendig sind Zielperspektiven im Unterricht, die nicht zu schwer und nicht zu leicht sind, sondern die Herausforderung setzen, in dem sie eine optimale Passung zwischen Leistungsniveau einerseits und Anforderungsniveau andererseits erreichen. Mit Blick auf die Motivation der Lernenden ist eine intrinsische (sachbezogene, z. B. Interesse am Fach) Ausrichtung einer extrinsischen (sachfremde, z. B. Note) vorzuziehen. Zwar können in beiden Fällen Lernfortschritte erreicht werden, aber die Nachhaltigkeit eines Bildungserfolges zeigt sich bei intrinsischer Motivation deutlich überlegen und vermeidet zudem ein „Bulimie-

Lernen". Formen der Kooperation und des Austausches ermöglichen zudem die Kraft der Peers, also die Bedeutung der Gleichaltrigen für Bildung, aufzugreifen und für Lern- und Bildungsprozesse nutzbar zu machen. All das Gesagte setzt voraus, dass im Unterricht eine intakte Lehrer-Schüler-Beziehung existiert, in der von beiden Seiten mit dem nötigen Respekt aufeinander zugegangen und miteinander interagiert wird. Regelmäßige Rückmeldungen und eine dialogische Struktur des Unterrichts sind dafür wegweisend.

Zudem ist ein Bildungsverständnis leitend, wonach Bildung mehr umfasst als fachliches Wissen und Fächer eine dienende Funktion haben. Erinnert sei an dieser Stelle an die Theorie der multiplen Intelligenzen von Howard Gardner oder an die Überlegungen von Julian Nida-Rümelin im Kontext seiner Philosophie einer humanen Bildung.[73] In diesen Ansätzen wird deutlich, dass Bildung als Persönlichkeitsentfaltung neben kognitiven Elementen auch soziale, emotionale, motivationale, körperliche und viele andere mehr umfasst. Jede Engführung des Menschen auf einzelne der genannten Bereiche wird ihm nicht gerecht. Entsprechendes gilt auch für die Fächer, von denen jedes für sich genommen durchaus wichtig ist, aber erst in der Zusammenführung aller Fächer bildungswirksam wird.

Vor diesem Hintergrund ist Bildungsgerechtigkeit eine pädagogische Leitidee, die in sich drei Perspektiven vereint: Erstens eine anthropologische Perspektive, wonach jedes Kind unabhängig seiner Herkunft, seines Aussehens, seiner Religion und dergleichen ein Recht auf Bildung hat. Zweitens eine pädagogische Perspektive, wonach jedes Kind im Hinblick auf seine Möglichkeiten der Persönlichkeitsentfaltung einzigartig ist und demzufolge eine Individualisierung wichtig ist. Und drittens eine soziologische Perspektive, wonach die Förderung Einzelner für die Gemeinschaft besonders gewinnbringend sein kann und daher gerechtfertigt ist. Im Spannungsfeld dieser Perspektiven und im Bewusstsein entsprechender unterrichtlicher Möglichkeiten ist der Bildungs- und Erziehungsauftrag von der Lehrperson auszuführen.[74]

Schließlich klingt bereits in diesem Bereich eine Selbstverpflichtung der Lehrperson gegenüber sich selbst an, nämlich Lern- und Bildungsprozesse von Kindern immer ins Verhältnis zur eigenen Erziehungs- und Unterrichtstätigkeit zu setzen. Als letzter Punkt des Sokratischen Eides wird dieser Gedanke nochmals aufgegriffen und im Detail erläutert.

Ein Aspekt bedarf an dieser Stelle einer besonderen Betrachtung: Das Einstehen für die leibliche, seelische und geistige Unversehrtheit der Kinder, die der Lehrperson anvertraut sind. Ein ähnlicher Wortlaut findet sich bereits im Eid von Hartmut von Hentig. Die Gräueltaten an der Odenwaldschule, in die Hartmut von Hentig aufgrund seiner Freundschaft zu Gerold Becker verwickelt war, zeigen, wie wichtig dieser Punkt ist. Sie zeigen aber auch, dass allein eine Selbstverpflichtung nicht ausreicht, um Verbrechen an Kindern zu verhindern. An dieser Stelle führt der Sokratische Eid in einer besonderen Weise in ein juristisches Feld, das hierfür unerlässlich ist. Denn Verfehlungen an dieser Stelle werden rechtlich verfolgt und führen zu privat-, arbeits- und gegebenenfalls beamtenrechtlichen Bestrafungen.

Den Eltern gegenüber verpflichte ich mich,

- *auf Augenhöhe zu kommunizieren und eine Bildungspartnerschaft aufzubauen,*
- *den Bildungsprozess der Kinder als gemeinsame Aufgabe zu begreifen,*
- *nicht nur regelmäßig zu Gesprächen bereit zu sein, sondern auch aktiv den Kontakt zu suchen und*
- *ihre Einschätzungen zum Bildungserfolg und –fortschritt der Kinder ernst zu nehmen und mit der eigenen Sichtweise zu verbinden.*

Das Elternhaus ist entscheidend für den Bildungserfolg. Häufig wird dies allein auf Ebene des sozioökonomischen Hintergrundes und damit mit Blick auf das Einkommen der Eltern diskutiert. Aber die Zusammenhänge sind tiefgreifender. So ist beispielsweise die Art und Weise, wie Eltern mit ihren Kindern sprechen, was sie gemeinsam in ihrer Freizeit tun, wie sie ihren Kindern Vertrauen schenken und Zutrauen geben, so eng an den Bildungsprozess der Kinder gekoppelt, dass dieser ohne erfolgreiche Elternarbeit nicht gelingen kann. Die Studie „The Early Catastrophe: The 30 Million Words Gap by Age 3" bringt diesen Sachverhalt auf den Punkt. Darin wurde untersucht, wie viele Wörter in den ersten vier Lebensjahren Kinder in prekären Familienlagen im Vergleich zu Kindern in wohlsituierten Familien hören: 15 Millionen Wörter zu 45 Millionen Wörter. Ein immenser Unterschied, der unter qualitativer Betrachtung noch viel gravierender wird: Kinder aus bildungsnahen Milieus erhalten bis zu sieben Mal häufiger eine Ermutigung als eine Entmutigung und Kinder aus bildungsfernen Milieus hören gut doppelt so oft eine Entmutigung als eine Ermutigung.[75] Damit liegen die Karten auf dem Tisch: Wer zeit seines Lebens hört, dass er etwas nicht kann, der wird es später sehr schwer haben.

Ohne Zweifel wird erfolgreiche Erziehung zuhause auch von den finanziellen Möglichkeiten beeinflusst. Eine schöne Zuspitzung findet sich hierzu in der empirischen Bildungsforschung, wonach die Leseleistung von Kindern in einem direkten Zusammenhang steht mit der Anzahl der Bücher im Elternhaus.[76] Dies darf aber nicht darüber hinwegtäuschen, dass es mehr sein muss als nur Bücher: das abendliche Vorlesen und das gemeinsame Gespräch über das Gelesene ist der entscheidende Schritt, der Bücher zum Leben erweckt.

Die angestellten Überlegungen zeigen einerseits, wie wichtig das Elternhaus für den Bildungserfolg der Kinder ist, und weisen andererseits darauf hin, dass eine pädagogische Hilfestellung seitens der Schulen hilfreich ist, damit Eltern ihre Verantwortung überhaupt erst wahrnehmen können – wie viele Kinder gehen ohne Frühstück aus dem Haus, werden nicht gefragt, wie es ihnen geht, wenn sie nach Hause kommen, sitzen viele Stunden in der Woche alleine in den Zimmern und dergleichen. Diese Hilfestellung darf von Lehrpersonen nicht allein als zusätzliche Arbeit gesehen werden, was immer wieder als Vorurteil zu vernehmen ist. Sicherlich kann Elternarbeit zeitaufwändig und anstrengend sein. Aber der Erfolg einer gelungenen Elternarbeit zahlt sich vor allem im Unterricht aus, führt zu Entlastungen im Schulalltag und dient dem Wohl des Kindes.

Grundlage für Bildungserfolg im Allgemeinen und Bildungsgerechtigkeit im Besonderen ist folglich eine erfolgreiche Zusammenarbeit zwischen Schule und Elternhaus. Dies ist ein gesichertes Ergebnis der empirischen Bildungsforschung.[77] Insofern ist eine entsprechende Kooperation im Bildungssystem unabdingbar und muss daher auch in einem Berufseid angesprochen werden.

Den Kolleginnen und Kollegen gegenüber verpflichte ich mich,

- *meine Erfahrungen in der Erziehung und im Unterricht zu teilen und als Grundlage für die kollegiale Professionalisierung zu nutzen,*
- *die tagtäglich gemachten Fehler zu teilen und gemeinsam zu reflektieren,*
- *erfolgreiche Momente in der Schule zurückzuspielen und gegenseitige Anerkennung zu schenken und*
- *jedem seine individuelle Sichtweise auf Schule und Unterricht zuzugestehen und gleichzeitig an einer gemeinsamen Vision zu arbeiten.*

In „Visible Learning", mit über 1 800 Meta-Analysen einer der größten Datensätze der empirischen Bildungsforschung,[78] erreicht der Faktor „kollektive Wirksamkeitserwartung" eine der höchsten Effekte auf die Lernleistung. Unter diesem Begriff werden Ergebnisse zusammengefasst, die den Einfluss von Kooperation und Austausch im Kollegium auf die schulischen Leistungen der Lernenden untersuchen und zu einem eindeutigen Ergebnis führen: Bildungswirksames Lehrerhandeln ist nicht nur eine Frage der Kompetenz, sondern auch eine Frage der

Haltung. Tauschen sich Kolleginnen und Kollegen aus, finden sie einen gemeinsamen Weg und entwickeln zusammen eine Vision einer guten Schule, so profitieren Lernende am meisten. Die gemeinsame Vision einer Schule und die Vorstellung davon, wie erfolgreicher Unterricht aussieht, fördert die Lernleistung von Schülerinnen und Schülern nachhaltig. Die kollektive Wirksamkeitserwartung der Lehrpersonen ist dabei nicht zu verstehen als eine Meinung, die von allen geteilt werden muss und nicht hinterfragt werden darf. Sie bezieht sich vielmehr auf das gegenseitige Vertrauen, Barrieren und Einschränkungen zu überwinden, und auf die gemeinsamen Position, dass alle Lernenden in der Schule mindestens ein Jahr Lernfortschritt für sich beanspruchen dürfen, ja müssen. Nur so wird kein Kind zurückgelassen. Allein die Tatsache, dass jede Lehrperson im Lauf ihres Lebens etwa 35 000 Schulstunden unterrichtet und keine dieser Schulstunden perfekt ist, macht deutlich:[79] Es wird Zeit, dass auch in Kollegien Fehler als Chance einer Professionalisierung gesehen werden.

Angesichts dieser Ergebnisse ist es weniger der Einzelkämpfer, sondern vielmehr der Teamspieler, der unterrichtlichen Erfolg herbeiführt. Eine Fehlerkultur, wie sie aufseiten von Schülerinnen und Schülern gefordert wird, ist insofern auch für eine Lehrerprofessionalisierung wichtig und daher in einem Berufseid entsprechend zu verankern.

Der Bildungsöffentlichkeit gegenüber verpflichte ich mich,

- *den Bildungs- und Erziehungsauftrag anzunehmen und jederzeit umzusetzen,*
- *nicht nur Wissen und Können zu vermitteln, sondern alle Bereiche der Persönlichkeit in den Blick zu nehmen und zu fördern,*
- *alle Unterrichtsfächer dem Wohl des Kindes und damit dem Bildungs- und Erziehungsauftrag unterzuordnen,*
- *loyal, aber nicht blind gegenüber amtlichen Vorgaben zu sein,*
- *alles umzusetzen, was dem Wohl des Kindes dient, und alles zurückzuweisen, was dem Wohl des Kindes zuwiderläuft,*

- *jegliche Interessen und Forderungen an Schule und Unterricht, die nicht in erster Linie dem Wohl des Kindes entspringen, kritisch zu hinterfragen, gegebenenfalls auch öffentlich anzuklagen und zurückzuweisen und*
- *im öffentlichen Diskurs den Kindern und ihrem Recht auf Bildung eine Stimme zu geben.*

An dieser Stelle des Sokratischen Eides taucht in expliziter Form der Bildungs- und Erziehungsauftrag auf. Dieser ist in allen Verfassungen der Bundesländer formuliert. Obschon er sich an der einen oder anderen Passage unterscheidet, stellt er die Grundlage für das Schulsystem dar. Lehrpersonen müssen in der Regel darauf ihren Amtseid ablegen, vor allem wenn sie verbeamtet sind. Insofern folgt aus dieser juristischen Verankerung eine besondere pädagogische Selbstverpflichtung.

Hintergrund dieser Gesetzestexte ist, dass Schulen Institutionen von der Gesellschaft und für die Gesellschaft sind. Lehrpersonen übernehmen durch ihre schulische Tätigkeit hoheitliche Aufgaben. Sie sind vom Staat beauftragt und ihr Handeln legitimiert, was eine gewisse Loyalität verlangt, die aber nicht in Blindheit münden darf. Denn der Bildungs- und Erziehungsauftrag spiegelt in besonderer Weise das doppelte Mandat wider: einerseits ist er aus Sicht des Staates als Sprachrohr der Gesellschaft formuliert, andererseits fokussiert er den Einzelnen und seinen Bildungsprozess. Wann immer folglich bildungspolitische Entscheidungen getroffen worden sind, die dem Wohl des Kindes zuwiderlaufen, so erfordert die Übernahme des Bildungs- und Erziehungsauftrages auch, an allen zur Verfügung stehenden Stellen darauf hinzuweisen.[80]

Dies wird durch die Lektüre der einzelnen Landesverfassungen deutlich und soll exemplarisch an der Bayerischen Verfassung erläutert werden. In Artikel 131 heißt es:

(1) Die Schulen sollen nicht nur Wissen und Können vermitteln, sondern auch Herz und Charakter bilden.

(2) Oberste bayerische Bildungsziele sind Ehrfurcht vor Gott, Achtung vor religiöser Überzeugung und vor der Würde des Menschen, Selbstbeherrschung, Verantwortungsgefühl und Verantwortungsfreudigkeit, Hilfsbereitschaft und Aufgeschlossenheit für alles Wahre, Gute und Schöne und Verantwortungsbewusstsein für Natur und Umwelt.
(3) Die Schüler sind im Geiste der Demokratie, in der Liebe zur bayerischen Heimat und zum deutschen Volk und im Sinne der Völkerversöhnung zu erziehen.
(4) Die Mädchen und Buben sind außerdem in der Säuglingspflege, Kindererziehung und Hauswirtschaft besonders zu unterweisen.

Aus pädagogischer Sicht sind mehrere Punkte bemerkenswert: Erstens tritt im Gesetzestext ein umfassendes Bildungsverständnis zutage, wie es in einer humanistischen Tradition formuliert wird. Insofern lässt sich Bildung nicht auf einzelne Bereiche der Persönlichkeit reduzieren, sondern umfasst den Menschen in all seinen Möglichkeiten. Bildung nicht nur auf das Kognitive zu reduzieren, sondern auch die Facetten des Moralischen, des Emotionalen, des Motivationalen, des Spirituellen und dergleichen in den Blick zu nehmen, leitet sich unmittelbar daraus ab.[81] Zweitens findet sich im zitierten Artikel kein einziges Fach – nicht Mathematik, nicht Deutsch und auch nicht die Naturwissenschaften, um die zentralen Domänen der empirischen Bildungsforschung zu nennen. Stattdessen finden sich eine Reihe von Werten: unter anderem Achtung vor religiöser Überzeugung und der Würde des Menschen, Verantwortungsgefühl und Verantwortungsfreudigkeit, Verantwortungsbewusstsein für Natur und Umwelt, eine Erziehung im Geist der Demokratie und im Sinne der Völkerverständigung – angesichts der epochaltypischen Herausforderungen unserer Zeit, wie Corona-Pandemie, Klima-Krise und Ukraine-Krieg, könnte eine Verfassung aktueller nicht sein. Für das Lehrerhandeln bedeutet das, Unterrichtsfächer in einer dienenden Funktion zu betrachten. So wichtig sie sind, im pädagogischen Kontext haben sie keinen Selbstzweck, sondern ihr Zweck ist der Bildung von Kindern unterzuordnen.

Ohne Frage birgt dieser Passus des Sokratischen Eides eine Reihe von Spannungsmomenten, wie exemplarisch an der Loyalität angesprochen wurde. So ist es Kennzeichen von Professionalität, diese nicht auszublenden, sondern zu erkennen und im schulischen Alltag in eine Kohärenz zu überführen. Das Leben in Dichotomien ist eine der Hauptaufgaben von Lehrpersonen.[82]

Der Gesellschaft gegenüber verpflichte ich mich,

- *allen voran die Achtung vor der Würde des Menschen als Grundlage und Ziel von Schule und Unterricht zu sehen,*
- *die Grundsätze unserer Demokratie zu vermitteln und in der Schule und im Unterricht zu verteidigen,*
- *Schule als einen Ort der Reproduktion und der Innovation gesellschaftlicher Werte zu sehen,*
- *meine pädagogische Freiheit zu nutzen, um aktuelle Fragestellungen in das Zentrum des Schulalltages zu stellen, und*
- *nicht nur reaktiv, sondern auch proaktiv der Weiterentwicklung unserer Gesellschaft gegenüberzustehen.*

Mit diesem Bereich des Sokratischen Eides wird die zweite Tel des doppelten Mandates vollends ins Zentrum gerückt: die Verantwortung für die Gesellschaft. Die angeführten Punkte leiten sich aus den verfassungsrechtlichen Grundlagen unserer Gesellschaft ab, wie sie im Grundgesetz, insbesondere Artikel 1 bis 20, verankert sind und das Fundament für den Bildungs- und Erziehungsauftrag bilden, wie er bereits erläutert worden ist. Jürgen Habermas folgend sind diese Grundlagen weniger normative Setzungen, als vielmehr dem Universalitätsprinzip folgende Erkenntnisse.[83] Allen voran ist Artikel 1 zu nennen: „Die Würde des Menschen ist unantastbar. Sie zu achten und zu schützen ist Verpflichtung aller staatlicher Gewalt." Lehrpersonen übernehmen eine hoheitliche Aufgabe und sind daher diesem Grundsatz in besonderer Weise verpflichtet. Der in den Gesetzen der Bundesländer verankerte Bildungs- und Erziehungsauftragt fußt auf dem Grundgesetz. Insofern kommt an dieser Stelle zu der weiter oben angeführten Verpflichtung gegenüber den Kindern, für ihre leibliche, seelische und geistige Unversehrtheit einzustehen, eine entsprechende Verpflichtung gegenüber der Gesellschaft hinzu. Damit wird noch einmal die Wichtigkeit dieses Punktes betont und auch, dass der Sokratische Eid an dieser entscheidenden Stelle eine juristische Verbindlichkeit in sich trägt. Vorfälle wie an der Odenwaldschule darf es nie wieder geben.

Zudem wird erneut eine Theorie der Schule aufgegriffen, weil sich daraus vor dem Hintergrund des Bildungs- und Erziehungsauftrages, der aus Sicht des Einzelnen und aus Sicht der Gesellschaft seine Bedeutung erfährt, wichtige Implikationen für einen Berufseid ergeben. So hat Schule nie nur die Aufgabe, das bestehende kulturelle System weiterzugeben, sondern auch zu modernisieren. Schulen sind zwar immer Abbild der Gesellschaft, gleichzeitig aber ebenso Vision, wie eine Gesellschaft in Zukunft sein sollte.[84]

Mir selbst gegenüber verpflichte ich mich,

- *mein Vorgehen jederzeit zu begründen, kritisch-konstruktiv zu diskutieren und gewissenhaft zu reflektieren,*
- *regelmäßig meine fachlichen, pädagogischen und didaktischen Kompetenzen weiterzuentwickeln,*
- *regelmäßig meine Berufshaltungen zu reflektieren und*
- *meine Vorbildrolle stets nach bestem Wissen und Gewissen auszufüllen.*

Im Kern ist es nahezu trivial: Lehrerbildung ist – als eine bestimmte Form der Bildung – lebenslang zu verstehen. Sie ist ein steter Prozess und nicht mit dem Erwerb eines universitären Zeugnisses, eines Staatsexamens oder Ähnlichem abgeschlossen. Zeitlebens stehen Lehrpersonen vor der Herausforderung, dass sich vermeintlich bekannte und vertraute Rahmenbedingungen verändern. Hierzu zählen in den letzten Jahren allen voran Inklusion und Digitalisierung. Diese gesamtgesellschaftlichen Veränderungen nehmen Einfluss auf Schule und Unterricht und erfordern es, dass Lehrpersonen ihre Professionalität immer wieder in den Blick nehmen, sich Kompetenzen aneignen und ihre Haltungen hinterfragen.

Davon abgesehen ist festzustellen, dass sich die Lebenswelt permanent verändert und damit auch Erziehungskonzepte in Familien und Schulen. Unterricht ist vor diesem Hintergrund einem steten Wandel unterworfen. Zwar mag es stimmen, dass eine Lehrperson ein- und dieselbe Stunde schon mehrfach gehalten hat. Aber: Sie hat sie noch nie vor derselben Klasse gehalten. „Panta rhei", wie es Heraklit von Ephesos ausdrückt,[85] zu Deutsch: „Alles fließt." So wie man nicht zwei Mal in denselben Fluss steigen kann, kann man auch nicht zwei Mal dieselbe Stunde halten: die Lernenden haben sich verändert oder sind ganz andere, die gesellschaftliche Situation ist anders, die Tageszeit und die räumlichen Gegebenheiten sind anders, die Stunde davor war eine andere und auch man selbst ist ein anderer. Die eigene Professionalität und insofern die eigenen Kompetenzen und Haltungen stehen tagtäglich auf dem Prüfstand und verändern sich. Wenn es in der Schule also etwas Beständiges gibt, dann ist es der Wandel.

Sich diesem Wandel zu stellen, ist ein zentrales Kennzeichen von Professionalität und muss damit Eingang finden in eine Erneuerung des Sokratischen Eides. Forschungen zur Lehrerprofessionalität zeigen, dass die damit verbundene Herausforderung am besten im Team zu bewältigen ist, wie es die Ausführungen zur kollektiven Wirksamkeit zu verdeutlichen versucht haben. Die Realität der Lehrerbildung hat diesen Gedanken bis heute nicht konsequent für sich angenommen: Zu sehr werden Lehrpersonen zum Einzelkämpfer sozialisiert – beispielsweise sind Lehrproben in der Regel alleine abzulegen, obschon später im Team gearbeitet werden soll. Damit verbindet sich ein zweites Problem: Vielfach wird in Lehrproben der Blick darauf gerichtet, ob die Unterrichtsstunden fehlerfrei sind – als gäbe es eine Unterrichtsstunde, die fehlerfrei ist?! Der Fokus müsste angesichts der Studien zur Professionalisierung von Lehrpersonen anders sein und mehr den Fehler in den Blick nehmen. So unterrichten Lehrpersonen im Lauf ihres Lebens etwa 35 000 Unterrichtsstunden, von denen keine perfekt ist. Wie gehen wir also mit unseren Fehlern um? Tür zu und hoffen, dass keiner etwas gesehen hat? Die entscheidenden Fragen sind daher unter anderem: Wo ist der Fehler? Was ist nicht so gut gelaufen und was hätte ich besser machen können? Was lerne ich als Lehrperson daraus für meine nächsten Stunden? Wie kann ich meine Fehler nutzen, um mit meinen Kolleginnen und Kollegen ins Gespräch zu kommen? Für Lehrpersonen gilt in gleicher Weise, was für Lernende gilt: Der Fehler ist der Motor des Lernens.[86]

Schließlich ist nicht nur daraus abzuleiten, sondern es gilt in einer pädagogischen Begegnung immer: Lehrpersonen übernehmen eine Vorbildrolle. So wie man, im Anschluss an Paul Watzlawick, nicht nicht kommunizieren kann,[87] kann man nicht Nicht-Vorbild sein. Die Blicke der Lernenden begleiten eine Lehrperson tagein, tagaus: beim Betreten des Klassenzimmers, während der Unterrichtsstunde, beim Verlassen des Klassenzimmers, in der Pause und beim Nachhausegehen. Die Übernahme des Lehrerberufs bringt es somit zwingend mit sich, sich seiner Vorbildrolle bewusst zu sein, diese immer wieder zu hinterfragen und nach bestem Wissen und Gewissen auszufüllen.

Ich bekräftige das Gesagte durch meine Bereitschaft, mich jederzeit an den Maßstäben messen zu lassen, die von dieser Verpflichtung ausgehen.

Der Abschluss des Sokratischen Eides ist die Einladung in den Dialog mit allen anderen Akteuren im Bildungssystem. Damit verbindet sich eine Offenheit für Kritik, sofern sie konstruktiv vorgetragen wird. Rückmeldungen, die persönliche Angriffe darstellen, sind hierzu nicht zu zählen. So geht es an dieser Stelle nicht um ein Verurteilen, sondern um einen Austausch über die bestmögliche Bildung für die Lernenden und die Gesellschaft als Ganzes. Eine Ausnahme stellen die bereits mehrfach angesprochenen Verfehlungen dar, wie sie sich beispielsweise an der Odenwaldschule ereignet haben und auf direktem Weg in ein privat-, arbeits- und gegebenenfalls beamtenrechtliches Verfahren münden müssen.

Wie damals von Hartmut von Hentig formuliert, könnte der Sokratische Eid bei der Übergabe der Einstellungsurkunde von Lehrpersonen gesprochen werden – nachdem er bereits in der ersten und zweiten Phase der Lehrerbildung thematisiert wurde und bevor er im Lauf der dritten Phase der Lehrerbildung immer wieder als Diskussionsanstoß genutzt wird. Wenn die epochaltypischen Herausforderungen auch durch Bildung alleine nicht gelöst werden können, so ist ebenso sicher, dass sie ohne Bildung zum Wohl der Menschheit nicht gemeistert werden können.

8. Wie geht es weiter?

Als am 21. März 2022 in der NZZ mein Beitrag „Was ist ein guter Lehrer?“ mit dem Sokratischen Eid erschien, dauerte es nicht lange, bis ich die ersten Nachrichten erhielt – diese reichten (wie immer, wenn man öffentlich Stellung bezieht) von Zustimmung bis zu Ablehnung. Auch die Kommentare in den sozialen Medien spiegeln diesen Eindruck wider – obschon Kommentarspalten, Tweets & Co. in der Regel weniger Ausdruck tiefergehender Reflexionen sind als vielmehr Ausdruck flüchtiger Gedanken.

Kritik ist wichtig. Sie ist der Motor für Entwicklung und für die Suche nach Erkenntnissen. Kritik ist daher immer willkommen. Aber nicht jede Rückmeldung ist eine Kritik in diesem Sinn. Vielfach sind Rückmeldungen persönlich. John Hattie schrieb mir in einer Nachricht, in der ich eine entsprechende Situation eines Tages geschildert hatte, zurück: „We were taught to critzise ideas, not people.“

Vor diesem Hintergrund möchte ich im Folgenden nicht auf Kommentare eingehen, die persönlich werden. Stattdessen ist es mir ein Anliegen, die Punkte aufzugreifen, die mich bei meinen Überlegungen zum Sokratischen Eid weitergebracht haben.

Nimmt man diese Kritik und blickt damit nochmals auf die angestellten Überlegungen zurück, so lässt sich an einzelnen Aspekten herauskristallisieren, was der Sokratische Eid nicht ist bzw. was er im Kern ist. Mögliche Fehlinterpretationen können auf diesem Weg von vornherein vermieden werden:

Erstens ist der Sokratische Eid nichts Absolutes in dem Sinn: was einmal gesagt wurde, hat für immer zu gelten. Ganz im Gegenteil: Der Sokratische Eid ist ein Versuch, eine Orientierung zu geben, die von jeder Generation aufs Neue zu hinterfragen und zu reflektieren ist. In diesem Sinn ist er eine Einladung zum Dialog über die eigene Professionalität. So kann zum Beispiel die Reaktion darauf, dass ein bestimmter Wert fehlt, als genau das gesehen werden, was zuvor gesagt wurde: Der Eintritt in das Gespräch über das, was Bildung und Erziehung heute ausmachen.

Zweitens ist der Sokratische Eid etwas Visionäres. Nicht selten ist die Reaktion auf den Sokratischen Eid: „Wer soll das schaffen? Das kann keiner immer einhalten." Das ist ohne Zweifel richtig. Die Alternative aber wäre, einen Sokratischen Eid zu formulieren, der von allen und zu jederzeit erfüllbar wäre. Damit würde er ins Triviale fallen und hätte keine Bedeutung mehr. So ist der Sokratische Eid eben nicht der Versuch, einen Minimalstandard zu formulieren, sondern er ist als Maximalstandard zu verstehen. Er enthält eine Vision davon, wie eine Lehrperson tagtäglich agieren sollte, um dann eine Grundlage für die Reflexion darüber zu haben, wie sie tagtäglich agierte.

Drittens ist der Sokratische Eid nicht als Voraussetzung für die Amtsübernahme gedacht, sondern die Folge daraus. Dies leitet sich aus der evidenzbasierten Einsicht ab, dass erfolgreiches Lehrerhandeln immer auch eine Frage der Haltung ist. Infolgedessen ist es Teil einer Professionalisierung, sich nicht nur um die eigene Kompetenzentwicklung zu sorgen, sondern auch seinen eigenen Wertekosmos unter die Lupe zu nehmen und mit wissenschaftlichen Ergebnissen in Bezug zu setzen.

Viertens ist der Sokratische Eid an und für sich ohne juristische Folgen zu sehen. Er ist im Kern eine Selbstverpflichtung. Ohne Frage können aber Verfehlungen in einzelnen Felder professionellen Lehrerhandelns, die bereits im Sokratischen Eid angesprochen sind, zu privat-, arbeits- und gegebenenfalls beamtenrechtlichen Konsequenzen führen.

Und fünftens steht der Sokratische Eid zwar für sich alleine, aber auch in Wechselwirkung mit anderen Verpflichtungen. Eine häufige Reaktion auf den Sokratischen Eid lautet: „Warum soll ich etwas machen, wenn die anderen nicht auch etwas machen? Erst wenn alle einen Eid ablegen und diesen einhalten, sehe ich mich gezwungen, dasselbe zu tun." So nachvollziehbar dieses Argument ist, so irreführend ist es. Denn eine Selbstverpflichtung einer Lehrperson darf nicht unter die Bedingung einer anderen Verpflichtung stehen. Sie muss zunächst für sich selbst stehen, sonst verliert sie ihre Bedeutung und ihre Kraft. Dies entbehrt nicht, dass auch alle anderen Akteure im Bildungssystem und darüber hinaus eine Verpflichtung für Bildungserfolg und gesellschaftlichen Zusammenhalt eingehen müssen. Aber ein Berufseid ist zunächst als Selbstverpflichtung um ihretwillen zu verstehen. In diesem Sinn hat ein Berufseid holistische Züge. Würde der Sokratische Eid unter die Bedingung eines anderen Eides gestellt werden, wäre er kein Eid mehr. Denn eine Selbstverpflichtung, die abhängig ist von etwas anderem, ist keine Selbstverpflichtung mehr, sondern die Folge aus diesem anderen. Angesichts dieser Überlegungen lohnt es sich aber, auch für Lernende, Eltern, die Bildungsöffentlichkeit und die Gesellschaft Aspekte eines Bildungseides zu denken, die die Einheit einer gesamtgesellschaftliche Vision einer Bildung der Zukunft manifestieren können.

Hier nur ein paar Gedanken in diese Richtungen: Auf Seiten der Kinder steht die Verpflichtung, das Angebot der Lehrpersonen anzunehmen und diesem offen gegenüber zu stehen. Ebenso wichtig ist es, dass Kinder mit Gewissenhaftigkeit ihren eigenen Werdegang in die Hände nehmen, sich selbst hinterfragen, den eigenen Lernprozess reflektieren und Fehler als Chance begreifen. Auf Seiten der Eltern steht die Verpflichtung, die Bildungspartnerschaft mit der Schule anzunehmen.

So sind Eltern verantwortlich dafür, was zu Hause geschieht oder auch nicht geschieht. Schulerfolg im Besonderen und Bildungserfolg im Allgemeinen ist nie die Sache eines Einzelnen, sondern immer die Folge eines gelungenen Zusammenspieles aller Beteiligten. Auf Seiten der Bildungsöffentlichkeit steht die Verpflichtung, dem Bildungsbereich die Aufmerksamkeit zuteil werden zu lassen, die er mit Blick auf den Einzelnen, aber auch mit Blick auf die Gemeinschaft verdient. Hierfür notwendig ist eine Haltung des Gestaltens und nicht nur eine Haltung des Verwaltens. Ebenso ist hierfür unerlässlich, den Akteuren Vertrauen und Zutrauen zu schenken – wer jeden Fehler vor Ort vermeiden will oder gegebenenfalls sanktioniert, nimmt dem Bildungssystem Kreativität, die so wichtig für Bildung ist. Und schließlich steht auf Seiten der Gesellschaft die Verpflichtung, Debatten über Bildung zuzulassen und ins Zentrum der Betrachtung zu rücken. Viel zu lange hat man sich gerade in Deutschland auf dem Erbe als Land der Dichter und Denker ausgeruht und die Notwendigkeit eines grundsätzlichen Bildungsdiskurses übersehen, ja sogar negiert. Die empirischen Daten zum Leistungsstand der Lernenden und auch die epochaltypischen Herausforderungen machen deutlich, dass eine Weiterentwicklung des Bildungssystems unerlässlich ist.[88]

Vor diesem Hintergrund ist es folgender Dreischritt, der sich angesichts einer Erneuerung des Sokratischen Eides abzeichnet:

Strukturen schaffen, Menschen stärken, Unterricht professionalisieren.

Dieser Dreischritt wird so oft von vorne und damit von außen nach innen gedacht – mit folgendem Ergebnis: Zuerst wird an den Strukturen gedreht, was immer mit großem finanziellen Aufwand verbunden ist und auf Seiten aller Beteiligten das Gefühl erweckt, nicht mitgenommen zu werden. Damit stocken diese Reformen bereits auf der Ebene der Menschen, den Unterricht erreichen und verändern sie so gut wie nie. Die Digitalisierungskampagne der letzten Jahre ist dafür ein Beispiel neben vielen anderen: von den fünf Milliarden Euro, die bereits 2019 vom Bund zur Verfügung gestellt wurden, wurden bis Anfang 2022 – trotz Corona-Krise – nicht einmal zehn Prozent ausgegeben.[89]

Die Ergebnisse der empirischen Bildungsforschung belegen indes seit mehreren Jahren, wenn nicht sogar Jahrzehnten, dass der angesprochene Dreischritt umgekehrt, zumindest im Gleichschritt zu durchlaufen ist. Ohne den Blick auf den Unterricht verpuffen nahezu alle Bildungsreformen.

Mit diesem Vorgehen verbindet sich die Perspektive auf das Warum. Es wird nicht nur das Bildungssystem verändert, weil Geld vorhanden ist oder äußere Zwänge bestehen, sondern es werden Reformen angestoßen, die vom Kind ausgehen und auf das Kind hinführen. So lässt sich Schule und damit auch Bildung neu denken und nachhaltig verändern.

Insofern ist es sinnvoll, anfangs Lehrpersonen in den Blick zu nehmen und einen Berufseid zu formulieren. Von hier aus lässt sich eine grundlegende Debatte über die Zukunft von Schule und Bildung initiieren. Lehrpersonen haben einen der wichtigsten Berufe, vielleicht sogar den wichtigsten Beruf in unserer Gesellschaft. Sie nehmen nicht nur Einfluss darauf, ob die 15 000 Stunden Schulzeit eines Menschen Freude bereiten oder nicht. Von ihnen und ihrer Professionalität hängt ab, wie sich Menschen bilden, wie sich deren Persönlichkeit entfaltet, wie es um die Demokratie eines Landes steht und wie sich die Wirtschaftskraft eines Landes entwickelt.

Bildung ist das höchste Gut einer Gesellschaft. Es ist höchste Zeit, dass in Deutschland, das lange zu Recht das Land der Dichter und Denker war, wieder offen über Bildung debattiert wird. Der Sokratische Eid kann und will hier ein Anstoß sein.

Endnoten

1 Vgl. Rutter, M. et al. (1980): 15 000 Stunden. Schulen und ihre Wirkung auf die Kinder. Weilheim und Hattie, J. & Zierer, K. (2020): Visible Learning. Unterrichtsplanung. Baltmannsweiler, S. 295.

2 Vgl. https://www.cicero.de/aussenpolitik/rede-macron-samuel-paty-beerdigung-islamismus-anschlag-frankreich-meinungsfreiheit (abgerufen am 21.03.2022).

3 Vgl. https://www.spiegel.de/politik/deutschland/gerhard-schroeder-ueber-lehrer-doch-keine-faulen-saecke-a-3231b394-af98-4ab7-8131-e08ac1557fe0 (abgerufen am 21.03.2022).

4 Vgl. Aristoteles (1999): Rhetorik. Stuttgart.

5 Vgl. Hentig, H. (1991): Der neue Eid. In: DIE ZEIT, Nr. 39.

6 Hentig, H. v. (2016): Noch immer mein Leben. Erinnerungen und Kommentare aus den Jahren 2005 bis 2015. Berlin, S. 477 f.

7 Habermas, J. (1989): Heidegger – Werk und Weltanschauung. In: Farias, V. (Hrsg.): Heidegger und der Nationalsozialismus. Frankfurt, S. 11–37; hier S. 12.

8 Habermas (1989), a. a. O., S. 14.

9 Vgl. dazu Zierer, K. (2021a): Erhard Wiersing: Hartmut von Hentig – Ein Essay zu Leben und Werk. In: Zeitschrift für Pädagogik, Heft 6, S. 972–976.

10 Vgl. Hentig (1991), a. a. O.

11 Immer wieder wird das Thema eines Berufseides in der Erziehungswissenschaft aufgegriffen. Diese Beiträge reichen dabei von begrifflichen Reflexionen bis hin zu empirischen Arbeiten. Vgl. Giesecke, H. (1997): Die pädagogische Beziehung. Weinheim, S. 265 f.; Terhart, E. (1987): Vermutungen über das Lehrerethos. In: Zeitschrift für Pädagogik, Heft 6, S. 787–804; Drahmann, M. & Cramer, C. (2019): Vermutungen über das Lehrerethos – revisited. In: Cramer, C. & Oser, F.: Ethos – Interdisziplinäre Perspektiven auf den Lehrerinnen- und Lehrerberuf. Münster, S. 15–36; Brinkmann, M. & Rödel, S. S. (2021): Ethos im Lehrerberuf – Haltung zeigen und Haltung üben. In: Journal für LehrerInnenbildung, Heft 3, S. 42–62; Rychner, M. (2015): Der sokratische Eid, professionstheoretisch gelesen. In: Journal für LehrerInnenbildung, Heft 3, S. 42–46.

12 Vgl. https://www.encyclopedia.com/history/dictionaries-thesauruses-pictures-and-press-releases/teachers-loyalty-oath (abgerufen am 25.03.2022).

13 Vgl. https://www.oaj.fi/en/education/ethical-principles-of-teaching/comenius-oath-for-teachers/ (abgerufen am 24.03.2022).

14 Vgl. https://www.teacherph.com/2016-oath-taking-professional-teachers/ (abgerufen am 24.03.2022).

15 Vgl. https://www.ndtv.com/education/teachers-day-kalams-10-oaths-for-teachers-1746387 (abgerufen am 24.03.2022).

16 Vgl. https://www.comp.nus.edu.sg/~tantc/personal/pledge.html und vgl. https://www.mekulipress.com/betimi-i-mesuesit/ (abgerufen am 24.03.2022).

17 Vgl. https://www.bundestag.de/resource/blob/585474/a98216050ea29dcda726f464caa1f236/WD-3-368-18-pdf-data.pdf (abgerufen am 24.03.2022).

18 Terhart (1987), a. a. O., S. 788.

19 Vgl. Fend, H. (2008): Neue Theorie der Schule. Wiesbaden.

20 Brezinka, W. (1986): Erziehung in einer wertunsicheren Gesellschaft. München, S. 181.

21 Vgl. Hattie & Zierer (2020), a. a. O., S. 25.

22 Vgk. Sinek, S. (2009): Start with why—How great leaders inspire everyone to take action. New York.

23 Vgl. Sinek (2009), a. a. O.

24 Vgl. https://www.derwesten.de/wirtschaft/nutzer-klagen-iphone-6-plus-verbiegt-sich-in-hosentasche-id9861181.html (abgerufen am 05.05.2022).

25 Vgl. Gardner, H., Csíkszentmihályi, M. & Damon, W. (2005): Good Work. Stuttgart.

26 Vgl. Hattie & Zierer (2020), a. a. O., S. 24 und dazu Baumert, J. & Kunter, M. (2006): Stichwort: Professionelle Kompetenz von Lehrkräften. In: Zeitschrift für Erziehungswissenschaft, Heft 9, S. 469–52; Blömeke, S., Kaiser, G. & Lehmann, R. (Hrsg.) (2010): TEDS-M 2008: Professionelle Kompetenz und Lerngelegenheiten angehender Primarstufenlehrkräfte im internationalen Vergleich. Münster; Kunter, M., Baumert, J., Blum, W., Klusmann, U., Krauss, S. & Neubrand, M. (Hrsg.) (2011): Professionelle Kompetenz von Lehrkräften. Ergebnisse des Forschungsprogramms COACTIV. Münster und Pant, H. A., Stanat, P., Schroeders, U., Roppelt, A., Siegle, T. & Pöhlmann, C. (2013): IQB-Ländervergleich 2012. Münster.

27 Vgl. Zierer, K. (2015): Educational expertise: the concept of 'mind frames' as an integrative model for professionalisation in teaching. In: Oxford Review of Education, Vol. 41, No. 6, 782–798, http://dx.doi.org/10.1080/03054985.2015.1121140 (abgerufen am 24.03.2022).

28 Vgl. Hattie, J. (2014): Lernen sichtbar machen für Lehrpersonen. Deutschsprachige Ausgabe von „Visible Learning for Teachers" besorgt von Wolfgang Beywl und Klaus Zierer. Baltmannsweiler, S. 281.

29 Vgl. Brezinka (1986), a. a. O.

30 Vgl. zum Folgenden Zierer, K. (2020): Stichwort Haltungen. In: weiter bilden, Heft 3, S. 10–11.

31 Vgl. Aristoteles (1956): Nikomachische Ethik. Band 6 der Reihe „Aristoteles – Werke". Berlin.

32 Vgl. Bollnow, O. F. (2009): Das Wesen der Stimmungen. Würzburg.

33 Vgl. Habermas, J. (1995): Theorie des kommunikativen Handelns. Frankfurt und Wilber, K. (2002): Eros, Kosmos, Logos – Eine Jahrtausend-Vision. Frankfurt.

34 Terhart (1987), a. a. O., S. 794.

35 Vgl. Weber, M. (1992): Politik als Beruf. Stuttgart.

36 Vor diesem Hintergrund ist die Unterscheidung wichtig, dass es sich um einen „Sokratischen Eid" und nicht um den „Eid des Sokrates" handelt. Letzteres würde bedeuten, dass Sokrates einen solchen gesprochen hätte und dieser überliefert wäre.

37 Vgl. zur Biographie von Hartmut von Hentig Wiersing, E. (2020): Hartmut von Hentig. Bielefeld.

38 Figal, G. (2001): Sokrates. In: Große Philosophen, Darmstadt, S. 49–61, hier S. 49.

39 Figal (2001), a. a. O., S. 49.

40 Figal (2001), a. a. O. S. 50.

41 Störig, H. J. (1998): Kleine Weltgeschichte der Philosophie. Frankfurt, S. 153.

42 Vgl. dazu Lütjen, J. (2013): Das Bildungswegmodell zur Rehabilitation der sokratischen Mäeutik. Hamburg, S. 421–430.

43 Platon: Apologie des Sokrates, 29D.

44 Figal (2001), a. a. O., S. 52.

45 Störig (1998), a. a. O. S, . 154.

46 Vgl. zum Folgenden Zierer, K. (2019): Bildung, jetzt! In: Scheidewege, Heft 49, S. 372–387.

47 Vgl. Pinker, S. (2018): Aufklärung jetzt. Frankfurt und Rosling, H. (2018): Factfulness. London.

48 Vgl. Klafki, W. (1996): Neue Studien zur Bildungstheorie und Didaktik. Weinheim.

49 Vgl. Zierer, K. (2021b): Ein Jahr zum Vergessen – Wie wir die Bildungskatastrophe nach Corona verhindern. München, S. 25–43.

50 Vgl. Wößmann, L. (2015): Die volkswirtschaftliche Bedeutung von Bildung. In: Bundeszentrale für politische Bildung, https://www.bpb.de/gesellschaft/bildung/zukunft-bildung/199450/volkswirtschaft-und-bildung (abgerufen am 15.03.2022).

51 Vgl. Wößmann, L. et al. (2020): Bildung in der Corona-Krise: Wie haben die Schulkinder die Zeit der Schulschließungen verbracht, und welche Bildungsmaßnahmen befürworten die Deutschen? ifo Schnelldienst, Nr. 09, S. 25–39.

52 Vgl. zum Konzept der Bildungsgerechtigkeit Zierer (2021b), a. a. O., S. 12–24.

53 Vgl. Zierer, K. (2021c): Zwischen Dichtung und Wahrheit: Möglichkeiten und Grenzen von digitalen Medien im Bildungssystem. In: Pädagogische Rundschau, Heft 4, S. 377–392.

54 Vgl. zum Folgenden Zierer, K. (2021d): Entgrenzung des Menschen durch Digitalisierung? In: Zeitschrift für Pädagogik, Heft 1, S. 50–56.

55 Vgl. Heidegger, M. (2001): Sein und Zeit. Tübingen.

56 Vgl. zum Folgenden Montag, C. (2018): Homo Digitales. Berlin.

57 Vgl. Nida-Rümelin, J. & Zierer, K. (2020): Die Debatte über digitale Bildung ist entgleist. In: NZZ, 08.06.2020, S. 8.

58 Vgl. Heidegger, M. (1954): Die Frage nach der Technik. Stuttgart.

59 Vgl. Anders, G. (1980): Die Antiquiertheit des Menschen. München.

60 Vgl. Anders (1980), a. a. O., S. 9.

61 Nida-Rümelin & Zierer (2020), a. a. O., S. 9.

62 Vgl. Zierer, K. (2009): Eklektik in der Pädagogik. Grundzüge einer gängigen Methode. In: Zeitschrift für Pädagogik, Heft 6, S. 928–944.

63 Vgl. Nida-Rümelin, N. & Zierer, K. (2017): Bildung in Deutschland vor neuen Herausforderungen. Baltmannsweiler, S. 23–30.

64 Die Verbindung beider Perspektiven ist einer der zentralen Kritikpunkte bei Terhart (1987), a. a. O., und kann dank der Weiterentwicklung empirischer Zugangsweisen sowie einer Annäherung einer empirischen Bildungsforschung und einer geisteswissenschaftlichen Pädagogik weitestgehend entkräftet werden. Vgl. Zierer (2009), a. a. O.

65 Ein Kritikpunkt am Sokratischen Eid von Hentig (1991), a. a. O., war, dass er nur aus seiner Erfahrung heraus argumentierte, vgl. Giesecke (1997), a. a. O., S. 268. In der vorliegenden Neuformulierung werden bewusst sowohl theoretische Überlegungen als auch empirische Ergebnisse als Begründung angeführt. Vgl. hierzu auch die Forderung von Terhart (1987), a. a. O., S. 794.

66 Giesecke (1997), a. a. O., kritisiert, dass Hentig (1991), a. a. O., lediglich die Perspektive der Lehrperson einnimmt und damit in der Aussage undifferenziert ist. Durch die Unterteilung in die zentralen Protagonisten für Bildungsprozesse wird dieser Einwand korrigiert.

67 Platon: Euthyphron, 10B.

68 Platon: Apologie des Sokrates, 30A.

69 Vgl. Figal, 2001, a. a. O., S. 52.

70 Vgl. Giesecke (1997), a. a. O.

71 Vgl. Hattie, J. & Zierer, K. (2021): Kenne deinen Einfluss! „Visible Learning“ für die Unterrichtspraxis. Baltmannsweiler, S. 26–29.

72 Vgl. Brophy, J. E. (1999): Teaching. Genf; Helmke, A. (2014): Unterrichtsqualität und Lehrerprofessionalität. Diagnose, Evaluation und Verbesserung des Unterrichts. Stuttgart; Hattie & Zierer (2021), a. a. O.

73 Vgl. Vgl. Gardner, H. (1983): Frames of Mind – The Theory of Multiple Intelligences. New York; Nida-Rümlein & Zierer (2017), a. a. O.; Zierer, K. (2018): Bildung. In: Pädagogische Rundschau, 72 (2018) 3, S. 341–361.

74 Vgl. Zierer (2021b), a. a. O.

75 Vgl. Hart, B. & Risley, T. R. (2003): The Early Catastrophe: The 30 Million Word Gap by Age 3. In: American Educator, S. 4–9.

76 Vgl. hierzu die internationalen Vergleichsstudien zur Lesekompetenz, z. B. Hußmann, A. et al. (2017): IGLU 2016. Münster, hier S. 21.

77 Vgl. Vgl. Hattie & Zierer (2021), a. a. O., S. 105 f.

78 Vgl. Hattie & Zierer (2021), a. a. O., S. 194 f.

79 Vgl. Hattie & Zierer (2020), a. a. O., S. 295.

80 Helmut Fend weist in seiner Theorie der Schule auf dieses Spannungsmoment hin. Vgl. Fend (2008), a. a. O.,

81 Vgl. Vgl. Gardner (1983), a. a. O. und Nida-Rümelin & Zierer (2017), a. a. O.

82 Klassische Dichotomien in der Pädagogik sind Freiheit und Zwang, Nähe und Distanz, Führen und Wachsenlassen. Vgl. hierzu Litt, T. (1929): Führen oder Wachsenlassen. Leipzig.

83 Vgl. Habermas, J. (1983): Moralbewusstsein und kommunikatives Handeln. Frankfurt, S. 53–126.

84 Helmut Fend beschreibt diesen Gedanken mit den Worten „Reproduktion" und „Innovation". Vgl. Fend (2008), a. a. O.

85 Vgl. Diels, H. (2008): Poetarum philosophorum fragmenta. Berlin.

86 Vgl. Hattie & Zierer (2021), a. a. O.

87 Vgl. Watzlawick, P., Beavin, J. & Jackson, D. (2016): Menschliche Kommunikation. Bern, S. 58 f.

88 Vgl. Zierer (2021b), a. a. O.

89 Vgl. https://www.spiegel.de/panorama/bildung/digitalpakt-schule-nach-zwei-einhalb-jahren-sind-nicht-einmal-zehn-prozent-der-gelder-angekommen-a-0accb6a3-0e17-4a9c-97a8-e03e83e5b955 (abgerufen am 02.05.2022).

Literatur und Quellen

Anders, G. (1980): Die Antiquiertheit des Menschen. München

Aristoteles (1956): Nikomachische Ethik. Band 6 der Reihe „Aristoteles – Werke". Berlin

Aristoteles (1999): Rhetorik. Stuttgart

Baumert, J. & Kunter, M. (2006): Stichwort: Professionelle Kompetenz von Lehrkräften. In: Zeitschrift für Erziehungswissenschaft, Heft 9, S. 469–52

Blömeke, S., Kaiser, G. & Lehmann, R. (Hrsg.) (2010): TEDS-M 2008: Professionelle Kompetenz und Lerngelegenheiten angehender Primarstufenlehrkräfte im internationalen Vergleich. Münster

Bollnow, O. F. (2009): Das Wesen der Stimmungen. Würzburg

Brezinka, W. (1986): Erziehung in einer wertunsicheren Gesellschaft. München

Brinkmann, M. & Rödel, S. S. (2021): Ethos im Lehrerberuf – Haltung zeigen und Haltung üben. In: Journal für LehrerInnenbildung, Heft 3, S. 42–62

Brophy, J. E. (1999): Teaching. Genf

Diels, H. (2008): Poetarum philosophorum fragmenta. Berlin

Drahmann, M. & Cramer, C. (2019): Vermutungen über das Lehrerethos – revisited. In: Cramer, C. & Oser, F.: Ethos – Interdisziplinäre Perspektiven auf den Lehrerinnen- und Lehrerberuf. Münster, S. 15–36

Fend, H. (2008): Neue Theorie der Schule. Wiesbaden

Figal, G. (2001): Sokrates. In: Große Philosophen, Darmstadt, S. 49–61

Gardner, H. (1983): Frames of Mind – The Theory of Multiple Intelligences. New York

Gardner, H., Csíkszentmihályi, M. & Damon, W. (2005): Good Work. Stuttgart

Giesecke, H. (1997): Die pädagogische Beziehung. Weinheim

Habermas, J. (1983): Moralbewusstsein und kommunikatives Handeln. Frankfurt

Habermas, J. (1989): Heidegger – Werk und Weltanschauung. In: Farias, V. (Hrsg.): Heidegger und der Nationalsozialismus. Frankfurt, S. 11–37

Habermas, J. (1995): Theorie des kommunikativen Handelns. Frankfurt

Hart, B. & Risley, T. R. (2003): The Early Catastrophe: The 30 Million Word Gap by Age 3. In: American Educator, S. 4–9

Hattie, J. (2014): Lernen sichtbar machen für Lehrpersonen. Deutschsprachige Ausgabe von „Visible Learning for Teachers" besorgt von Wolfgang Beywl und Klaus Zierer. Baltmannsweiler

Hattie, J. & Zierer, K. (2020): Visible Learning. Unterrichtsplanung. Baltmannsweiler

Hattie, J. & Zierer, K. (2021): Kenne deinen Einfluss! „Visible Learning" für die Unterrichtspraxis. Baltmannsweiler

Heidegger, M. (1954): Die Frage nach der Technik. Stuttgart

Heidegger, M. (2001): Sein und Zeit. Tübingen
Helmke, A. (2014): Unterrichtsqualität und Lehrerprofessionalität. Diagnose, Evaluation und Verbesserung des Unterrichts. Stuttgart
Hentig, H. (1991): Der neue Eid. In: DIE ZEIT, Nr. 39
Hentig, H. v. (2016): Noch immer mein Leben. Erinnerungen und Kommentare aus den Jahren 2005 bis 2015. Berlin
Hußmann, A. et al. (2017): IGLU 2016. Münster
Klafki, W. (1996): Neue Studien zur Bildungstheorie und Didaktik. Weinheim
Kunter, M., Baumert, J., Blum, W., Klusmann, U., Krauss, S. & Neubrand, M. (Hrsg.) (2011): Professionelle Kompetenz von Lehrkräften. Ergebnisse des Forschungsprogramms COACTIV. Münster
Litt, T. (1929): Führen oder Wachsenlassen. Leipzig
Lütjen, J. (2013): Das Bildungswegmodell zur Rehabilitation der sokratischen Mäeutik. Hamburg
Montag, C. (2018): Homo Digitales. Berlin
Nida-Rümelin, J. & Zierer, K. (2020): Die Debatte über digitale Bildung ist entgleist. In: NZZ, 08.06.2020, S. 8
Nida-Rümelin, N. & Zierer, K. (2017): Bildung in Deutschland vor neuen Herausforderungen. Baltmannsweiler
Pant, H. A., Stanat, P., Schroeders, U., Roppelt, A., Siegle, T. & Pöhlmann, C. (2013): IQB-Ländervergleich 2012. Münster
Pinker, S. (2018): Aufklärung jetzt. Frankfurt
Platon: Apologie des Sokrates
Platon: Euthyphron
Rosling, H. (2018): Factfulness. London
Rutter, M. et al. (1980): 15 000 Stunden. Schulen und ihre Wirkung auf die Kinder. Weilheim
Rychner, M. (2015): Der sokratische Eid, professionstheoretisch gelesen. In: Journal für LehrerInnenbildung, Heft 3, S. 42–46
Sinek, S. (2009): Start with why—How great leaders inspire everyone to take action. New York
Störig, H. J. (1998): Kleine Weltgeschichte der Philosophie. Frankfurt
Terhart, E. (1987): Vermutungen über das Lehrerethos. In: Zeitschrift für Pädagogik, Heft 6, S. 787–804
Watzlawick, P., Beavin, J. & Jackson, D. (2016): Menschliche Kommunikation. Bern
Weber, M. (1992): Politik als Beruf. Stuttgart
Wiersing, E. (2020): Hartmut von Hentig. Bielefeld
Wilber, K. (2002): Eros, Kosmos, Logos – Eine Jahrtausend-Vision. Frankfurt
Wößmann, L. (2015): Die volkswirtschaftliche Bedeutung von Bildung. In: Bundeszentrale für politische Bildung, https://www.bpb.de/gesellschaft/bil-

dung/zukunft-bildung/199450/volkswirtschaft-und-bildung (abgerufen am 15.03.2022)

Wößmann, L. et al. (2020): Bildung in der Corona-Krise: Wie haben die Schulkinder die Zeit der Schulschließungen verbracht, und welche Bildungsmaßnahmen befürworten die Deutschen? ifo Schnelldienst, Nr. 09

Zierer, K. (2009): Eklektik in der Pädagogik. Grundzüge einer gängigen Methode. In: Zeitschrift für Pädagogik, Heft 6, S. 928–944

Zierer, K. (2015): Educational expertise: the concept of 'mind frames' as an integrative model for professionalisation in teaching. In: Oxford Review of Education, Vol. 41, No. 6, 782–798, http://dx.doi.org/10.1080/03054985.2015.1121140

Zierer, K. (2018): Bildung. In: Pädagogische Rundschau, 72, Heft 3, S. 341–361

Zierer, K. (2019): Bildung, jetzt! In: Scheidewege, Heft 49, S. 372–387

Zierer, K. (2020): Stichwort Haltungen. In: weiter bilden, Heft 3, S. 10–11

Zierer, K. (2021a): Erhard Wiersing: Hartmut von Hentig – Ein Essay zu Leben und Werk. In: Zeitschrift für Pädagogik, Heft 6, S. 972–976

Zierer, K. (2021b): Ein Jahr zum Vergessen – Wie wir die Bildungskatastrophe nach Corona verhindern. München

Zierer, K. (2021c): Zwischen Dichtung und Wahrheit: Möglichkeiten und Grenzen von digitalen Medien im Bildungssystem. In: Pädagogische Rundschau, Heft 4, S. 377–392

Zierer, K. (2021d): Entgrenzung des Menschen durch Digitalisierung? In: Zeitschrift für Pädagogik, Heft 1, S. 50–56

https://www.spiegel.de/panorama/bildung/digitalpakt-schule-nach-zwei-einhalb-jahren-sind-nicht-einmal-zehn-prozent-der-gelder-angekommen-a-0accb6a3-0e17-4a9c-97a8-e03e83e5b955 (abgerufen am 02.05.2022)

https://www.cicero.de/aussenpolitik/rede-macron-samuel-paty-beerdigung-islamismus-anschlag-frankreich-meinungsfreiheit (abgerufen am 21.03.2022)

https://www.spiegel.de/politik/deutschland/gerhard-schroeder-ueber- lehrer-doch-keine-faulen-saecke-a-3231b394-af98-4ab7-8131-e08ac1557fe0 (abgerufen am 21.03.2022)

https://www.encyclopedia.com/history/dictionaries-thesauruses-pictures-and-press-releases/teachers-loyalty-oath (abgerufen am 25.03.2022)

https://www.oaj.fi/en/education/ethical-principles-of-teaching/comenius-oath-for-teachers/ (abgerufen am 24.03.2022)

https://www.teacherph.com/2016-oath-taking-professional-teachers/ (abgerufen am 24.03.2022)

https://www.ndtv.com/education/teachers-day-kalams-10-oaths-for-teachers-1746387 (abgerufen am 24.03.2022)

https://www.comp.nus.edu.sg/~tantc/personal/pledge.html (abgerufen am 24.03.2022)
https://www.mekulipress.com/betimi-i-mesuesit/ (abgerufen am 24.03.2022)
https://www.bundestag.de/resource/blob/585474/a98216050ea29dcda726f464caa1f236/WD-3-368-18-pdf-data.pdf (abgerufen am 24.03.2022)
https://www.derwesten.de/wirtschaft/nutzer-klagen-iphone-6-plus-verbiegt-sich-in-hosentasche-id9861181.html (abgerufen am 05.05.2022)